)(우리는 늘 음악과 함께하지만, 그 안에 담긴 이야기에 온전히 몰입하는 순간은 드뭅니다. 태연의 노랫말을 천천히 써 내려가며 가사의 메시지를 오롯이 느끼고 자신의 감정을 기록하는 시간을 가져보세요.

)(이 책은 태연 팬분들의 도움을 통해 완성된 특별한 필사집입니다. 따스한 사랑의 마음이 담긴 이 팔사집을 통해 자신의 감정을 당당히 마주할 용기를 얻고, 치유와 힐링의 시간을 경험하시길 바랍니다.

"사계절을 함께해, 불안정한 순간을 지나 온전한 사랑에 닿기를."

♓목차

1. 사계절을 함께해

2. 불안정한 순간을 지나

3. 온전한 사랑에 닿기를

태연 가사 필사집 전곡
Piano Cover

Chapter. 1

사계절을 함께해

사계절을 닮은 사랑의 여정을 담았습니다. 계절이 바뀔 때마다 스며드는 태연의 노래 가사를 통해 봄의 설렘, 여름의 열기, 가을의 고요, 겨울의 따스함을 필사하며 감정의 온도를 느껴보세요.

Chapter. 1

Piano Cover

To.

사계 (Four Seasons) / Happy / Make Me Love You / 제주도의 푸른 밤 / 들불 (Wildfire) / 저녁의 이유 (All Night Long) (Feat. LUCAS of NCT) / Why / Starlight (Feat. DEAN) /Weekend / Up & Down (Feat. 효연) / Good Thing / Rain / 11:11 / 먼저 말해줘 (Farewell) / Set Me Free (Sung By 태연 (소녀시대)) / 만약에 / 쌍둥이자리 (Gemini) / The Magic of Christmas Time / Candy Cane / Let It Snow / 쉿 (Shhhh) / Christmas without You / This Christmas / 겨울나무 (I'm all ears)

사계 (Four Seasons)

작사 KENZIE 외 3명 | 앨범 사계 (Four Seasons) | 발매일 2019.03.24

Music Video

사계절이 와 그리고 또 떠나
내 겨울을 주고
또 여름도 주었던
온 세상이던 널 보낼래
정말 너를 사랑했을까

언제야 봄이던가
맞아 그땐 한참 서로가
셰익스피어의 연극 같은
마지막이 될 사랑 마주한 듯
둘밖에 안 보였나 봐
다른 걸 좀 보고파

I gave you the world
너만이 전부라
내 겨울을 주고
또 여름도 주었지
뜨겁고 차갑던 그 계절에
정말 너를 사랑했을까
내가 너를 사랑했을까

서로를 그리워했고
서로를 지겨워하지
그 긴 낮과 밤들이
낡아 녹슬기 전에
우리 다시 반짝이자
또 계절이 바뀌잖아

I gave you the world
너만이 전부라
내 겨울을 주고
또 여름도 주었지
뜨겁고 차갑던 그 계절에
정말 너를 사랑했을까
내가 너를 사랑했을까

가도 돼
뒤돌아볼 때쯤엔 난 없어
우리 꽤 괜찮았어
그거면 된 거야 떠날 때

사계절이 와 그리고 또 떠나
내 겨울을 주고
또 여름도 주었던
온 세상이던 널 보낼래
정말 너를 사랑했을까
내가 너를 사랑했을까 x2

Happy

작사 이스란 외 4명 | **앨범** Happy | **발매일** 2020.05.04

Music Video

Happy La La La x3
Happy Happy Happy

계절이 번져와 두드린 꿈일까
그대는 내 귓가에 달콤하게
Tell me baby baby

손꼽아 왔던 밤 널 상상할 때마다
아무도 모르게 미소를 짓곤 해
Thinking about you lately

수없이 기다린 우리의 이 밤이
일 년을 돌고 돌아 내게 와준 기적 같아

오늘 밤 난 Happy 포근한 이 꿈
얼어있던 계절은 너와 내 온기에 녹아들고

그대 품에 안겨 꿈꾸는 멋진 밤
오랜 시간 속 둘만의 소원을 속삭여 봐
함께 있어 난 Happy 영원할 이 꿈

Happy La La La x3
Happy Happy Happy

끝없는 얘기들 멈추고픈 순간들
아쉬워질 듯한 숨결마다
Kiss me baby baby

너만의 온도로 빈틈없이 날 감싸 줘
이 밤 가득한 떨림이 잠들 때까지
Oh I' m crazy

밤새워 속삭인 눈부신 설렘이
그 어떤 장면보다 잊지 못할 선물 같아

오늘 밤 난 Happy 포근한 이 꿈
얼어있던 계절은 너와 내 온기에 녹아들고

그대 품에 안겨 꿈꾸는 멋진 밤
오랜 시간 속 둘만의 소원을 속삭여 봐
함께 있어 난 Happy 영원할 이 꿈

계절이 지나 모든 게 흘러도
변치 않을 이 순간 Promise you
이대로 오늘의 행복한 기억은 녹지 않게

널 보면 난 Happy 깨기 싫은 꿈
따스한 이 사랑은 추억의 한 편에 쌓여가고

그대 품에 안겨 잠이 들 깊은 밤
오랜 시간 속 둘만의 소원을 속삭여 봐
함께 있어 난 Happy 영원할 이 꿈

Happy La La La x3
Happy Happy Happy

Make Me Love You

작사 조윤경 외 3명 | 앨범 My Voice | 발매일 2017.04.05

Music Video

Make me love you x2

어둠 속에 내린 빛 그림자
더 외로워한 시간들 속의 난

조심스레 내민 눈앞의 손
잡지 못하고 망설여 왔지만

이미 떨린 맘이 자꾸 겁이 나
비밀스레 네가 손을 내민 밤

Make me kiss you
Ma make me kiss you

Make me touch you
Ma make me touch you

Make me want you
Ma make me want you

K kiss you t touch you
w want you

Make me love you x2

Make Me Love You

매일 다른 세계를 넘나들어
난 나비였고 유혹에 이끌려

어느새 달콤한 향기 가득히
푹 빠져 버린 내 모습 어떤지

멀리 좀 더 멀리 하늘 높이 난
저기 하얀 별이 되어 날아가

Make me kiss you
Ma make me kiss you

Make me touch you
Ma make me touch you

Make me want you
Ma make me want you

K kiss you t touch you
w want you

Make me love you x4

14 · 15

Make Me Love You

태어나 처음 마주 본
너무 따스한 그 눈빛
깊이 나를 담아 줘

너란 우주 안에서
모두 눈을 감을 거야
멀리 나를 데려가
And make me love you

Make me kiss you
Ma make me kiss you

Make me touch you
Ma make me touch you

Make me want you
Ma make me want you

K kiss you t touch you
w want you

Make me love you x5

제주도의 푸른 밤

작사 최성원 | **앨범** 밴드 고맙삼다 | **발매일** 2016.04.12

Music Audio

떠나요 둘이서
모든 걸 훌훌 버리고
제주도 푸른 밤 그 별 아래

이제는 더 이상
얽매이긴 우리 싫어요
신문에 TV에 월급봉투에

아파트 담벼락보다는
바다를 볼 수 있는 창문이 좋아요
낑깡밭 일구고 감귤도
우리 둘이 가꿔봐요

정말로 그대가
외롭다고 느껴진다면
떠나요 제주도
푸른 밤 하늘 아래로

떠나요 둘이서
힘들게 별로 없어요
제주도 푸른 밤 그 별 아래

그동안 우리는
오랫동안 지쳤잖아요
술집에 카페에 많은 사람에

도시의 침묵보다는
바다의 속삭임이 좋아요
신혼부부 밀려와
똑같은 사진 찍기 구경하며

정말로 그대가
재미없다 느껴진다면
떠나요 제주도
푸르메가 살고 있는 곳

도시의 침묵보다는
바다의 속삭임이 좋아요
신혼부부 밀려와
똑같은 사진 찍기 구경하며

정말로 그대가
재미없다 느껴진다면
떠나요 제주도
푸르메가 살고 있는 곳

들불 (Wildfire)

작사 조윤경 외 3명 | **앨범** What Do I Call You | **발매일** 2020.12.15

Music Audio

더 붉게 타 저 멀리 번져도 돼
깜짝 놀란 나의 맘이 타오르게

메마른 감정을 펼친
시린 계절을 한참 거친
나의 맘으로 밤으로 번질
아주 새빨간 네 떨림

바람이 돼 줄 설렘
가득 품은 채 마주 설 때
작고 여린 내 안의 불씨
너른 들판을 달려 멀리

Cause we're wildfire
서로를 향해 번져가
We're wildfire
더 끌어안고 타올라

네 숨결마다 뜨겁게
너의 맘을 느낄 때

I feel like I love you yeah
I feel like I love
I feel like I love you yeah

한순간도 주저 없이 움직일
거침없는 네 모습이 날 이끌어
펼친 손 틈새 더 깊은 눈빛에
아득히 휩싸일 때

우리 영혼까지 덮칠
붉게 일렁인 파도같이
깊은 맘이 그 밤이 뒤섞인
걷잡을 수 없는 끌림

따스함 그 이상의
그런 온도를 나는 원해
이미 새벽을 달린 불길
짙은 어둠을 삼켰으니

Cause we're wildfire
서로를 향해 번져가
We're wildfire
더 끌어안고 타올라

네 숨결마다 뜨겁게
너의 맘을 느낄 때

I feel like I love you yeah
I feel like I love
I feel like I love you yeah x2
I feel like I love you

저녁의 이유 (All Night Long) (Feat. LUCAS of NCT)

작사 KENZIE 외 4명 | 앨범 Something New | 발매일 2018.06.18

Music Audio

Yeah muse I see the light
Through the night I hold you
My moonlight
loving you brings me to life

도시의 불빛 너와 나
서로가 서로를 원해
Oh my goddess

취해도 돼 Uh 솔직한 널 원해
Lovely face Uh the magical sunset
헤매던 너를 안을게 Beautiful angel
Let me be your holiday Fly

Wake up 그 시간이야
Sunset 붉어지는데
지친 하루를 보냈지
뭔가 필요해

빌딩 끝자락 걸린 해질녘 무른 공기
Oh my god 우리 만날까
이렇게 기분이 들뜨는 저녁인데

Take it slow 촛불 우리를 안고
I wanna take it slow
커진 음악 속에 데려가

All Night Long Going hot
to the starlight
반짝이는 시간 속에
뭔가 시작되는 듯해

All Night Long
쏟아져 내릴 Moonlight
서로 달라 보이는 건
붉은 노을의 마법
Huh Huh Huh 오늘 저녁의 이유

저녁의 이유 (All Night Long) (Feat. LUCAS of NCT)

불빛 따스한 바람과 코끝 스친 향기와
모든 게 완벽해 믿을 수가 없어

부딪혀 오는 샴페인 솔직해지는 얘기
Oh my god 손끝 가까이
이렇게 이만큼 너와 나 가까워져

Take it slow 화려한 도시 어딘가
I wanna take it slow
헤매던 우리가 서로를 만나

All Night Long Going hot
to the starlight
반짝이는 시간 속에
뭔가 시작되는 듯해

All Night Long
쏟아져 내릴 Moonlight
서로 달라 보이는 건
붉은 노을의 마법
Huh Huh Huh 오늘 저녁의 이유

잠들지 못할 것 같아
기분 좋은 이 설렘과
날 보던 따스했던 눈빛
이 모든 것들이 마음속 커져가

꿈으로의 Invitation
우리 둘만의 Nation
이젠 피어나고 싶어

Huh Huh Huh
밤이 아름다운 이유는 너란 걸 알아 Oh

All Night Long Going hot
to the starlight
반짝이는 시간 속에
붉은 노을에 취해
Huh Huh Huh 오늘 저녁의 이유 x2

Why

작사 조윤경 외 4명 | 앨범 Why | 발매일 2016.06.28

Music Video

Oh yeah yeah

Oh 언젠가는 내 두 발이
Oh 닿는 대로
이끌리는 시선을 뺏겨버린 대로
가볍게 걸어갈 낯선 곳을 그리다
또 결국엔 허전한 긴 한숨에 멈춰

Why Why 돌아서 또 넌
Why Why 꿈만 가득해

지금 떠난다면
Good Good Good yeah
만나게 될 모든 건
Great Great yeah

가벼워진 맘이
Work Work baby
이미 이미 눈앞에
아른아른 대는데 망설여 Why

나침반 위 돌아가던
바늘이 멈춘 곳에 가득 핀
이름 모를 꽃잎이

널 위해 끌어당긴
빛이 담긴 풍경 속에
어서 뛰어들어
나보다 자유롭게 더

Why Why Why
괜히 미뤄 왔던 날
많았던 걱정이 모두 다 사라진
tonight yeah

바람 불어오면
Good Good Good yeah
펼쳐지는 모든 건
Great Great yeah

달라지는 맘이
Work Work baby
이미 이미 눈앞에
아른아른대는데

Why

지금 떠난다면
Good Good Good yeah
만나게 될 모든 건
Great Great yeah

가벼워진 맘이
Work Work baby
이미 이미 눈앞에
아른아른대는데 망설여 Why

쫓아가기도 벅차
숨이 찬 세상이 전부는 아냐
하루 종일 걸어도 똑같은 풍경은
절대 보이지 않아

하얀 종이에 적어 본 Why
잉크처럼 번지는 맘
I' m falling x2
I' m falling to you

바람 불어오면
Good Good Good yeah
펼쳐지는 모든 건
Great Great yeah

달라지는 맘이
Work Work baby
이미 이미 눈앞에
아른아른대는데

지금 떠난다면
Good Good Good yeah
만나게 될 모든 건
Great Great yeah

가벼워진 맘이
Work Work baby
이미 이미 눈앞에
아른아른대는데 망설여 Why

Starlight (Feat. DEAN)

작사 이스란 외 7명 | 앨범 Why | 발매일 2016.06.28

Music Video

Love is amazing ah

You are my starlight 내 맘을 비춰
함께 있으면 온종일 꿈꾸는 기분
You are my starlight 참 행복해져
선물 같아 너란 사랑

혼자가 익숙했던 회색빛의 나의 하루에
사뿐히 다가와선 날 두드린 그날을 기억해
빛처럼 날 비춰 어둠에서 나를 깨우곤
닫힌 맘의 창을 열어 줬어

내 눈에 비친 잔뜩 찡그린 Yeah
어색한 얼굴 뒤로 조금씩 웃어보던 너
사랑스러워 참을 수 없었지 Oh
기적처럼 발견한 넌 늘 미소 짓게 해

You are my starlight 내 맘을 비춰
함께 있으면 온종일 꿈꾸는 기분
You are my starlight 참 행복해져
선물 같아 너란 사랑

아무런 의미 없던 아주 사소한 일상들도
처음 본 세상처럼 새로운 느낌 난 매일 놀라
어느새 날 바꿔 텅 비어 있던
내 얼굴 위로 새로운 날 그려 줘

You are my starlight 내 맘을 비춰
함께 있으면 온종일 꿈꾸는 기분
You are my starlight 참 행복해져
선물 같아 너란 사랑

맘이 흐린 날에도 맑게 개어
너를 본 순간 오직 너만으로 충분해
널 그저 바라만 봐도 입가에 번지는 기쁨
이토록 날 웃게 할 한 사람 너뿐이야

You are my starlight 감출 수 없어
함께 있으면 내 맘이 춤추는 기분
You are my starlight 참 감사해져
꿈만 같아 너란 사랑

You are my starlight
My emotion you feel me
별처럼 빛나는 나를 봐 Oh
매일 깨달아

You are my starlight
Yeah Oh Oh Yeah
Yeah My baby baby

30 · 31

Weekend

작사 황유빈 외 4명 | 앨범 Weekend | 발매일 2021.07.06

Music Video

가장 가까운 바다 혼자만의 영화관
그냥 이끌리는 대로 해도 괜찮으니까

Every morning 울린
Beep beep beep beep 소리
귀에 윙윙윙 맴도는
나를 재촉하던 모닝콜 없이 일어나

Cheese cake 한 입
유리컵 한가득 내린 커피 한 잔
아이스로 할래 아주 여유롭게

문득 시곌 보니 벌써 시간은 열두 시
그래도 아주 느긋해
그리곤 하품 한 번 한껏 기지개도 켜고
생각해 오늘 뭐 할까

창문 너머 계절에 시선이 닿은 그 순간
쏟아지는 햇살 내 맘을 두드려
내게 손짓하는 싱그러운 바람 타고서
떠나볼래

When the weekend comes
I can do whatever I want
바람 따라 흩어진 cloud
더 자유롭게 we can go

가장 가까운 바다 혼자만의 영화관
그냥 이끌리는 대로 해도 괜찮으니까
훌쩍 떠나보는 drive
뚜벅 걸어도 좋아
뭐든 발길 닿는 대로
지금 떠나보려 해 oh

하루쯤 세상의 얘길 무시한 채
내가 나의 하루를 조립해 보려 해
더는 no no stress 고민 안 할래
Move it right left right 내 맘대로

가본 적도 없는 길 뭐가 있든지
I don't need a map
when I roll the streets
이어 가보는 이유는 for a little fun
계속 up up up 좀 더 올라가

Weekend

한쪽 길모퉁이 따라
맘대로 자라난 조그만 이름 모를 꽃
한참을 바라보다 뜨거운 햇살을 피해
벤치에 잠깐 앉아 봐

느려지는 걸음 그림자의 속도를 따라
함께 걷는 태양과 발을 맞추고
뒤이을 달빛을 따라 돌아오고 싶은 걸
떠나볼래

When the weekend comes
I can do whatever I want
바람 따라 흩어진 cloud
더 자유롭게 we can go

아무 계획이 없어서 완벽한 plan
우연히 찾아낸 secret place
그곳에 두고 와 나만의 작은 짐

골목길 끝을 돌아 만나게 될
기분 좋은 surprise 또 설렘
두근두근 온종일 하루종일

고소한 향기의 coffee shop
눈에 들어오는 예쁜 옷
Do it for the weekend x2

맘에 들어오는 걸
더는 망설이긴 싫은 걸
그래도 돼

When the weekend comes
I can do whatever I want
바람 따라 흩어진 cloud
더 자유롭게 we can go

가장 가까운 바다 혼자만의 영화관
그냥 이끌리는 대로 해도 괜찮으니까
훌쩍 떠나보는 drive
뚜벅 걸어도 좋아
뭐든 발길 닿는 대로
지금 떠나보려 해 oh

Up & Down (Feat. 효연)

작사 이스란 외 5명 | 앨범 Why | 발매일 2016.06.28

Music Audio

Up & Down 오감이 아찔하게
You & Me 달콤히 다가와서
What you want 날 밀고 당기지
I'll bring you back in

Up & Down 자꾸만 헷갈리게
You & Me 닿을 듯 닿지 않아
What you want 나를 맴도는
애매한 You & Me

어른이 된 너와 내가 시작하는 놀이
헤맬지도 몰라 아주 흥미로운 magic
아찔하지만 끝은 알 수 없는 게임
Oh oh oh oh x2

두 눈보다 빠른 내 손안에 든 게 뭔지
한 발짝 더 다가와서 맞춰 봐봐 어디
하나부터 열까지 다 종일
Oh oh oh oh x2

애매모호한 사랑 따윈
no no no no no
근데 어느새 빠져들어
Oh my god 네가 밉지 않아

Huh 매일 난 애가 타지
Uh 왜 네가 좋은 거니
Oh oh 헤어날 수가 없지
I'll bring you back in

Up & Down 오감이 아찔하게
You & Me 달콤히 다가와서
What you want 날 밀고 당기지
I'll bring you back in

Up & Down 자꾸만 헷갈리게
You & Me 닿을 듯 닿지 않아
What you want 나를 맴도는
애매한 You & Me

Up & Down (Feat. 효연)

Ooh ring ring ring ring
때론 부드럽게
Ooh ring ring ring ring
때론 시크하게

장난스러운 레파토리는
no no no no no
점점 더 깊이 빠져들어
Oh my god 내가 미쳤나 봐

Huh 매일 난 애가 타지
Uh 왜 네가 좋은 거니
Oh oh 헤어날 수가 없지
I'll bring you back in

Up & Down 오감이 아찔하게
You & Me 달콤히 다가와서
What you want 날 밀고 당기지
I'll bring you back in

Up & Down 자꾸만 헷갈리게
You & Me 닿을 듯 닿지 않아
What you want 나를 맴도는
애매한 You & Me

이제는 말해 줘
정말 날 사랑한다면 Oh
조금만 솔직히
좀 더 와 줘 더 가까이
Bring you back in

Huh 진심이 대체 뭐니
Uh 네 맘이 궁금하지
Oh oh 너의 입술에 담긴
Ooh 진실과 거짓

Up & Down 오감이 아찔하게
You & Me 달콤히 다가와서
What you want 날 밀고 당기지
I'll bring you back in

Up & Down 자꾸만 헷갈리게
Up & Down Up & Down Baby
You & Me 닿을 듯 닿지 않아
What you want 나를 맴도는
애매한 You & Me

Good Thing

Music Audio

작사 정주희 외 4명 | **앨범** Why | **발매일** 2016.06.28

Give me that x2 good thing
가득 날 채우는 Good thing

뭐랄까 왠지 느껴지는 맘이
너를 자꾸 원하게 돼
이유가 뭔지도 알아챌 틈 없이 넌
내 시선을 파고들어 No doubt

뜨거운 숨을 쉬어 날 가둬버려도
Don't wanna wanna fight it
어느새 넌 내 안에

잠잠한 내 가슴에 번진 Good thing
끝없이 원해 널 More more more
어지런 내 머리 속 퍼진 Good thing
고칠 수 없어 그건 Love that good thing
That good thing

이상해 왠지 어색한 이 맘이
나쁘지가 않은 거야
넌 내 desire 커져가 더 higher
난 중독된 것 같아

시선은 단 하나 네게만 갇혀도
Don't wanna wanna fight it
감출 수가 없잖아

잠잠한 내 가슴에 번진 Good thing
끝없이 원해 널 More more more
어지런 내 머리 속 퍼진 Good thing
고칠 수 없어 그건 Love that good thing
That good thing x2

Give me that x2 good thing
가득 날 채우는 Good thing
Give me that x2 good thing
벗어날 수 없는 Good thing

You got it baby
Yeah you got it baby

서서히 너에게도 번져 Good thing
나처럼 원하듯 More more more
한순간 거부할 수 없는 Good thing
고칠 수 없어 그건 Love that Good thing

I got it you got it x3
Good thing
I got it you got it x3
You got that good thing

Rain

작사 봉은영 외 7명 | **앨범** Rain | **발매일** 2016.02.03

Music Video

텅 빈 회색 빛 거린 참 허전해
쓸쓸한 기분에 유리창을 열어
내민 두 손 위로 떨어진 빗방울
가득 고이는 그리움 나의 맘에 흘러

왠지 네가 보고픈 밤
차오르는 눈물
떠오르는 나의 맘속

비가 오면 내리는 기억에
번지는 아픔에
흠뻑 쏟아지는 너를 보다
선명했던 그 시간에 멈춘 채
추억에 젖은 채
아름다웠던 너를 그려 in the Rain

길었던 참 눈이 부셨던 계절도
사진첩 속에 얼룩져 색이 바래질까

점점 깊어가는 이 밤
잊지 못한 약속
따뜻했던 품도 안녕

비가 오면 내리는 기억에
번지는 아픔에
흠뻑 쏟아지는 너를 보다
선명했던 그 시간에 멈춘 채
추억에 젖은 채
아름다웠던 너를 그려 in the Rain

흑백뿐인 세상 속
한 줄기의 빛이 돼준 너 Rain
비가 되어 다가와
내 영혼을 환히 밝혀줘

Doo doo doo doo doo doo doo x6
Woo Woo Woo who who who

우산 아래
나직했던 속삭임 Woo Woo
가슴 한 켠에 퍼져 네가 들려
오늘 하루 내 안부를 묻듯이
편안한 빗소리
아련히 물든 기억 너란 빗속에

Woo Woo rain Woo
Dreaming in the Rain

11:11

작사 김이나 외 2명 | **앨범** 11:11 | **발매일** 2016.11.01

Music Video

It's 11:11
오늘이 한 칸이 채 안 남은 그런 시간
우리 소원을 빌며 웃던 그 시간
별게 다 널 떠오르게 하지

네 맘 끝자락처럼 차가운 바람
창을 열면 온통 네가 불어와
이 시간이 전부 지나고 나면
이별이 끝나 있을까 Yeah
널 다 잊었을까

모든 게 자릴 찾아서 떠나가고
넌 내 모든 걸 갖고서 떠나도
내 맘은 시계 속의 두 바늘처럼
같은 곳을 두고 맴돌기만 해

Na na na na na na na na
na na na na na oh
Na na na na na na na na
I believe I will be over you

달력 안에 있는
오래전에 약속했던 몇 월의 며칠
너에겐 다 잊혀져 있었다면
내가 지워야지 뭐 지나고 나면
별거 아니겠지 뭐

모든 게 자릴 찾아서 떠나가고
넌 내 모든 걸 갖고서 떠나도
내 맘은 시계 속의 두 바늘처럼
같은 곳을 두고 맴돌기만 해

Na na na na na na na na
na na na na na oh
Na na na na na na na na
I believe I will be over you

계절 틈에 잠시 피는 낯선 꽃처럼
하루 틈에 걸려 있는 새벽 별처럼
이 모든 건 언젠가는 다
지나가고 말겠지

모든 게 자릴 찾아서 돌아오고
내가 아무 일 없는 듯이 웃게 되면
너의 이름 한 번쯤 부르는 게
지금처럼 아프지 않을 거야

Na na na na na na na na
na na na na na oh
Na na na na na na na na
I believe I will be over you
x2

먼저 말해줘 (Farewell)

작사 이주형 | **앨범** I | **발매일** 2015.10.07

Music Audio

그 노래가 좋은 게
그 거리가 좋은 게 아냐 아냐
같이 듣던 노래가
함께 걷던 거리가 좋아 정말이야

첨부터 이런 못난 모습을
초라한 날 먼저 보여줄걸

먼저 말해줘
애매하게 말고 좀 더 확실하게
바보처럼 난
잘 지내란 그 말 고마웠다는 말
나 어떡해요 아무것도 몰라요

어떤 이유도 없이
혼자 걷는 사람들 나와 같을까
오늘은 절대 안기지 않아
네 얼굴만 보고 돌아설게

먼저 말해줘
애매하게 말고 좀 더 확실하게
바보처럼 난
잘 지내란 그 말 고마웠다는 말

왠지 오늘따라 많이
낯설게만 보여 네가
제발 나 알 수 있게
이해할 수 있게 해줘

맞아 사실 나
오늘 너 모르게 지켜만 보다가 오
NEED U 난
잘 지내란 그 말 고마웠다는 말
나 어떡해요 아무것도 몰라요

이젠 견딜만한데
끝인사가 아쉬워
정말 Goodbye

Set Me Free (Sung By 태연 (소녀시대))

작사 조규만 | **앨범** S.M. The Ballad Vol.2 'Breath' Set Me Free | **발매일** 2014.02.12

Music Audio

문득 떠올리는 건 너만의 미소
자꾸 지우려고 애써도 선명할 뿐이야

Love
함께 나눈 수많았던 얘기들
지난 일인 걸

Set me free Let me be
나를 놓아줘 잠시라도 쉴 수 있게
Set me free Let me be
이건 아니야 바보처럼 웃음이 흘러

문득 지나치는 건 내 안의 미소
자꾸 떠올리려 할수록 멀어질 뿐이야

Love
너와 나의 행복했던 순간들
보석 같았던

Set me free Let me be
아파할수록 가슴속엔 네가 고여
Set me free Let me be
이건 아니야 바보처럼 눈물이 흘러

만약에

작사 송재원 | **앨범** 쾌도 홍길동 OST | **발매일** 2008.01.23

Music Audio

만약에 내가 간다면
내가 다가간다면
넌 어떻게 생각할까
용길 낼 수 없고

만약에 니가 간다면
니가 떠나간다면
널 어떻게 보내야 할지
자꾸 겁이 나는걸

내가 바보 같아서
바라볼 수밖에만 없는 건
아마도 외면할지도 모를
니 마음과 또 그래서
더 멀어질 사이가 될까봐

정말 바보 같아서
사랑한다 하지 못하는 건
아마도 만남 뒤에 기다리는 아픔에
슬픈 나날들이 두려워서인가봐

만약에 니가 온다면
니가 다가온다면
난 어떻게 해야만 할지
정말 알 수 없는걸

내가 바보 같아서
바라볼 수밖에만 없는 건
아마도 외면할지도 모를
니 마음과 또 그래서
더 멀어질 사이가 될까봐

정말 바보 같아서
사랑한다 하지 못하는 건
아마도 만남 뒤에 기다리는 아픔에
슬픈 나날들이 두려워서인가봐

내가 바보 같아서
사랑한다 하지 못하는 건
아마도 만남 뒤에 기다리는 아픔에
슬픈 나날들이 두려워서인가봐

쌍둥이자리 (Gemini)

작사 백금민 외 7명 | 앨범 I | 발매일 2015.10.07

Music Audio

어떤 말을 해야 할까
어떤 생각 속에 그리 잠겨있는지
여기 남은 너와 나

설렘 가득 너의 속삭임
우리가 그려왔던 꿈만 같이
너와 나 사랑할 수 있을까

Come to me baby
Come come to me baby
화려했던 지나간 날의 우리

Oh 기억해 줘 우리
좋아서 그리 울고 또 웃었던
처음 그 시간으로 돌아갈 수 있게 You

늘 함께였던 우리 닮아간 우리
난 너를 잃는 건 상상도 할 수 없어
하나였던 Me and You
You You You Yeah Oh Yeah

같은 곳을 바라본 시선이
점점 어긋나버려
가까이에 있어도
너의 마음 볼 수 없어

태양이 지면 달이 금방 피어나듯
아무 일 없던 것처럼 너 돌아오길
아픈 지금은 꿈처럼 아득히 사라져

Come to me baby
Come come to me baby
쏟아지는 유성처럼 다가와

쌍둥이자리 (Gemini)

Oh 기억해 줘 우리
좋아서 그리 울고 또 웃었던
처음 그 시간으로 돌아갈 수 있게 You

늘 함께였던 우리 닮아간 우리
난 너를 잃는 건 상상도 할 수 없어
처음처럼 Me and You
You You You Yeah Oh Yeah

저 하늘에 기대 안은 별처럼
Kiss me x4
서로가 아니면
이 빛은 사라져버려 Yeah Yeah

작은 공기까지 기억한 온기
그대가 사라진 계절은 추워
내 숨도 희미해져

따스했던 맘이 작은 몸짓이 My only
너의 숨소리가 희미해지기 전에
발걸음을 돌려 You

단 한 번 나를 스친 그대란 별빛
하나가 아니면 의미가 없는 별 둘
영원토록 Me and You
You You You Yeah Oh Yeah

Baby Ooh Yeah
Should be Me and You

The Magic of Christmas Time

Music Audio

작사 Krysta Youngs 외 4명 | 앨범 This Christmas | 발매일 2017.12.12

Tonight while the world is sleeping
And all of the children are dreaming
Snowflakes will softly be bringing
The Magic of Christmas Time

Red cotton stockings all lined up
Tinsel and lights on the tree top
Everywhere it's all around us
The Magic of Christmas Time

Angels on high hear them calling
Wishes like stardust are falling
Hold on hold tight
to The Magic of Christmas Time

Downstairs the fire is swaying
To songs about reindeer
and sleighing
Old holiday records are playing
The Magic of Christmas Time

This time of year brings
laughter and love
When all of the celebration is done
In our hearts it lives on
It can last all year long

Angels on high hear them calling
Wishes like stardust are falling
Hold on hold tight
to The Magic of Christmas Time

Come and rejoice for the night is
Alive with the spirit of kindness
If you believe you will find it
The Magic of Christmas Time

Yes if you believe you will find it
The Magic of Christmas Time

Candy Cane

작사 황현 외 3명 | **앨범** This Christmas | **발매일** 2017.12.12

Music Audio

반짝이는 네 두 눈은
오늘 이 거릴 닮았어
첫 키스처럼 들뜬 마음 Oh Oh

이상하게 올해는 기다려지더니
이번 Christmas에 받은
가장 큰 선물은 너야

Sweeter than a Candy Cane
네 입술에 닿을 때
Hotter than a summer day
네가 날 안을 때 Oh
난 금방 녹을 것 같아 Oh
오늘 밤이 짙어질수록 쌓이는 눈만큼
맘이 깊어질수록 우린 더욱 달아
Sweeter than a Candy Cane

내 곁에 네 목소리
캐럴을 닮은 것 같아
매일매일 들려줘 Alright Alright

하늘에 별이 전부 이곳에 내려
눈부시게 장식돼도
우리가 더 빛날 거야

Sweeter than a Candy Cane
네 입술에 닿을 때
Hotter than a summer day
네가 날 안을 때 Oh
난 금방 녹을 것 같아 Oh
오늘 밤이 짙어질수록 쌓이는 눈만큼
맘이 깊어질수록 우린 더욱 달아
Sweeter than a Candy Cane

Candy Cane

Woo Your love is brighter
than a Christmas day
Woo Your love is brighter
and warmer and sweeter
더 무슨 말이 필요해

사랑한단 말보다 그냥 키스해줘
그 어떤 선물보다 계속 곁에 있어줘
겨울밤보다 더욱 깊게 Oh
지금 이 순간을 절대로 잊지 않는다면
우리 둘의 매일은 오늘 같을 거야
Sweeter than anything
Sweeter than a Candy Cane
네 입술에 닿을 때
Hotter than a summer day
네가 날 안을 때 Oh
난 금방 녹을 것 같아 Oh
오늘 밤이 짙어질수록 쌓이는 눈만큼
맘이 깊어질수록 우린 더욱 달아
Sweeter than a Candy Cane

Sweeter than a Candy Cane
Hotter than a summer day
Sweeter than a Candy Cane x2

Let It Snow

작사 신아녜스 | 앨범 This Christmas | 발매일 2017.12.12

Music Audio

불빛이 환하게 우릴 비춰 Tonight
주위를 둘러봐 온 세상이 반짝여

Oh Merry Christmas
떨린 입술 가득 퍼진 Melody
오늘 날 춤추게 한 마법 같은 순간에

Let It Snow you gotta Let It Snow
달콤한 이 Christmas 속에
Let It Snow Let It Snow Go

Let It Snow you gotta Let It Snow
둘만의 추억 가득 내려줘
Oh Let It Snow Oh 내려줘요

차가운 내 맘이 사르르
눈꽃처럼 날려 Sweet zone
어떤 선물보다 기다린 둘만의 시간

살포시 스친 너의 키스에
완벽한 꿈을 꾸는 Christmas time
내 맘을 춤추게 한 마법 같은 네 모습

Let It Snow you gotta Let It Snow
달콤한 이 Christmas 속에
Let It Snow Let It Snow Go

Let It Snow you gotta Let It Snow
둘만의 추억 가득 With your love

Let It Snow

아주 특별한 하루를 만들어
함께 떠나자 Winter wonderland

하얗게 변한 이 세상이
영원할 수 있도록 Feel your love

틀림없이 네 맘도 똑같다면
Come on Let it show

Let It Snow you gotta Let It Snow
들뜬 맘이 Christmas 속에
Let It Snow Let It Snow Go

Let It Snow you gotta Let It Snow
달콤한 추억 가득 내려줘

Let It Snow you gotta Let It Snow
달콤한 이 Christmas with your love

Let It Snow you gotta Let It Snow
포근한 추억 가득 내려줘

오늘 밤 기다린 Christmas
어서 Let It Snow

쉿 (Shhhh)

작사 원태현 외 4명 | **앨범** This Christmas | **발매일** 2017.12.12

Music Audio

Hello stranger 찾아봐요
깜짝 놀랄 선물 숨겨둔 곳

새빨간 와인과 립스틱
싸이 하이 부츠
도대체 산타클로스 선물 어디 있을까

흔들리는 그대 눈빛은
매일 매일 매일 밤 꿈속으로
달콤하고 야릇하게 나타나
Ho Ho Ho 나를 흔들흔들

아무 말 하지 마 움직이지도 마
고요하고 거룩한 어둠 속에 묻힌
오늘 밤 넌 쉬이이이잇

감사 기도 드린 후에
빨간 리본을 꿈처럼 풀어 봐요
쉬이이이잇 쉬이이이잇

Hello my baby 또 주세요
사르르 녹아버린 크리스마스 캔디

깨물어 먹어 볼까
Ouch Ouch Ouch 어떡해
산타클로스 캔디 아픈가 봐

아무 말 하지 마 움직이지도 마
고요하고 거룩한 어둠 속에 묻힌
오늘 밤 넌 쉬이이이잇

감사 기도 드린 후에
빨간 리본을 꿈처럼 풀어 봐요
쉬이이이잇 쉬이이이잇

천사들의 기쁨의 노래
Santa comes tonight

아무 말 하지 마 움직이지도 마
고요하고 거룩한 어둠 속에 묻힌
오늘 밤 넌 쉬이이이잇

감사기도 드린 후에
빨간 리본을 꿈처럼 풀어 봐요

Christmas without You

작사 조윤경 외 3명 | **앨범** This Christmas | **발매일** 2017.12.12

Music Audio

뜻밖에 내린 눈 첫 December
함께 보낸 Holidays
뭘 해도 좋았었던 그 겨울 속
서로 담아내던 눈빛

너의 온기가 배인 모든 기억이
찬 바람 끝에 몰려와
창밖으로 성큼 다가온 계절을
더는 피하지 못해 난

오늘은 종일 하얗게 흰 눈이
멈추지 않으면 좋겠어
너 없이 내 외로운 발자국 위에
포근히 덮어 주길

온 세상이
Christmas but I' m without you
Oh 눈부신
Christmas but I' m without you

너와 함께란 의미 없이
서늘한 하루가 지나고
난 홀로 잠이 들어 Without you

차갑던 하루가 계속된 나날에
넌 유일했던 Summertime
You' re my sun to shine
겨울이 오는 줄도 모르도록
너무 따사로워 네 품 안에 난

혼자인 나를 비춰낼 쇼윈도
난 보지 않으려 애를 써
유난하게 내 맘 흔들리지 않게
오 난 담담히 웃어보지

온 세상이
Christmas but I' m without you
Oh 눈부신
Christmas but I' m without you

너와 함께란 의미 없이
서늘한 하루가 지나고 난 홀로 잠이 들어
Da dararab Da dararab x2

아름다운 기억은
눈꽃처럼 내 손끝에 녹아들어

모둘 위한
Christmas but I' m without you
Oh 행복한
Christmas but I' m without you

너와 함께 걷던 계절이 그 겨울이
여전히 세상 어딘가에 영원히
Oh 더 계속되고 있을 것 같아 Yeah Yeah

긴 긴 밤 꿈을 지나 Without you No no
Christmas but I' m without you

This Christmas

작사 13 | 앨범 This Christmas | 발매일 2017.12.12

Music Video

왠지 따뜻했던 그날 밤
눈꽃이 내려앉은 두 볼에
스치듯 가벼운 너의 입술이
난 아직 잊혀지지가 않아

Beautiful night 그날의 널 기억해
마치 시간을 되돌린 듯 날 찾아와주길

Christmas
꿈결같던 Christmas 기억하고 있어
네가 남긴 달콤한 속삭임 커져간 떨림 Oh

Christmas
네가 있던 Merry Christmas
영원할 것 같았던 간절한 이 마음을 전해
I pray on This Christmas

문득 생각이나 그날 밤
유난히 따뜻했던 두 손이
얼어붙은 내 맘을 녹여주던

난 왠지 어제처럼 느껴져
Beautiful night 그날의 널 기억해
마치 운명이 우릴 채운 듯 날 찾아와주길

Christmas
꿈결같던 Christmas 기억하고 있어
네가 남긴 달콤한 속삭임 커져간 떨림 Oh

Christmas
네가 있던 Merry Christmas
영원할 것 같았던 간절한 이 마음을 전해
I pray on This Christmas

찬란했던 그 겨울 앞에 내가 서있어
다시 찾아온 계절이
너를 반기고 함께 와주길

Christmas
꿈결같던 Christmas 기억하고 있어
네가 남긴 달콤한 속삭임 커져간 떨림 Oh

Christmas
네가 있던 Merry Christmas
영원할 것 같았던 간절한 이 마음을 전해
I pray on This Christmas

간절한 이 마음을 전해
I pray on This Christmas

겨울나무 (I'm all ears)

작사 이주형 | **앨범** This Christmas | **발매일** 2017.12.12

Music Video

어제보다 많이 지쳐 보이는
그대의 표정 만져 보곤 알죠
바람이 또 아프게 했나요

왜 아무 말 못 해요
좀 솔직해져도 돼요

내게 전부 말해봐요
밤을 새도 괜찮아요
차갑던 그대 하루가
나로 인해 녹을 수 있게요

I am all ears
I am all ears 듣고 있죠

두 눈 꼭 감아요
춥지 않게 다 덮어줄게요
눈치 보지 마요
혼자 견디지 않아도 되죠

왜 아무 말 없어요
좀 표현을 해도 돼요

내게 전부 말해봐요
밤을 새도 괜찮아요
차갑던 그대 하루가
나로 인해 녹을 수 있게요

걱정이죠 혹시 또
애써 서 있을까 봐
좀 더 참아요
여기 항상 내가 이 자리에

천천히 다 말해봐요
매일 나 귀 기울여요
차갑던 계절 지나면
또 피어날 거란 걸 알아요

I am all ears
I am all ears 듣고 있죠

Chapter. 2

불안정한 순간을 지나

때로는 사랑이 흔들리고 자신마저 잃는 순간들이 찾아옵니다. 불안정한 사랑의 노랫말을 적으며 희미해졌던 나를 다시 선명하게 마주하고, 어둠에도 여전히 빛나고 있는 내면의 단단한 중심을 발견해 보세요.

Chapter. 2

Piano Cover

To.

To. X / 어른아이 (Toddler) / Fabulous / Melt Away / Siren / I Got Love / 하하하 (LOL) / Love You Like Crazy / Fashion / Hot Mess / Cold As Hell / What Do I Call You / I'm OK / 바람 바람 바람 (Baram X 3) / Eraser / 악몽 (Nightmare) / I Blame On You / Fire / Here I Am / 월식 (My Tragedy) / INVU / Can't Control Myself / Circus / Set Myself On Fire / Blur / Burn It Down / Night / 그런 밤 (Some Nights) / Lonely Night / Blue / 수채화 (Love in Color) / All For Nothing / Time Lapse / Fine / Better Babe / No Love Again / 스트레스 (Stress) / You Better Not / Heaven / Ending Credits

To. X

작사 KENZIE 외 3명 | 앨범 To. X | 발매일 2023.11.27

Music Video

처음 본 널 기억해
We skipped the small talk
바로 다음 단계였지 뭐
단점이라곤 없는 게 단점이라던
그 허세도 마냥 좋았어

하지만 내 일기가 재미 없어진 이유
내가 없어진 나의 매일들은 허전해

좀 이상해 왜 둘 사이에
너만 너만 보이는 걸까
난 까다롭고 힘든 아이라
그런 피곤한 생각만 한대

오늘 나눈 문자 속에
새로 산 티셔츠 그 얘기뿐이야
이제야 난 알 것 같아
Gonna block you 불을 꺼 To. X

그 좋아했던 립스틱 싫단 말에 버린
널 좋아했던 만큼 다 맞추려 했어
'나 아님 누가 그런 세상 안아주겠어'
그 말이 그땐 그리 달콤했던 거야 Oh no

새벽의 긴 통화도 이젠 피곤해졌어
Every day, every night 나로 채우고 싶어

좀 이상해 왜 둘 사이에
너만 너만 보이는 걸까
난 까다롭고 힘든 아이라
그런 피곤한 생각만 한대

오늘 나눈 문자 속에
새로 산 티셔츠 그 얘기뿐이야
이제야 난 알 것 같아
Gonna block you 불을 꺼 To. X x2

Say Bye
Gonna block you 불을 꺼 To. X

깜빡거리는 흔들거리는 Light
Gonna block you 불을 꺼 To. X

좀 이상해 왜 둘 사이에
너만 너만 보이는 걸까
난 까다롭고 힘든 아이라
그런 피곤한 생각만 한대

오늘 나눈 문자 속에
새로 산 티셔츠 그 얘기뿐이야
이제야 난 알 것 같아
Gonna block you 불을 꺼 To. X x2

어른아이 (Toddler)

작사 강은정 외 3명 | 앨범 INVU | 발매일 2022.02.14

Music Audio

산타를 믿지 않게 된 순간부터
시간이 빨리 흐르게 된 걸까
까맣게 잊고 지낸 옛 친구들이
내 기억 속보다 더 작아진 느낌

어제와 똑같은 오늘이라
슬슬 지겨워져 설렘은 없는 걸
망가진 인형에 말을 걸어
날 잊은 듯 답이 없어

동화 속의 여왕처럼
난 어른인데 그게 다인 걸
모든 동화처럼
해피엔딩들만 있다고 믿었던
아이처럼 아직 꿈꿔 x2

호기심은 금세 꺼져버리지
알고 싶지 않은 얘기들이 넘쳐흘러서
다들 피터팬이 되기를 원해
예전엔 그랬지 또 지겨운 소리

솔직해지기가 어려워서
뭐든 숨기고 봐 당연한 것처럼
상처를 받는 게 바보 같아
혼자만의 비밀이 돼

동화 속의 여왕처럼
난 어른인데 그게 다인 걸
모든 동화처럼
해피엔딩들만 있다고 믿었던
아이처럼 아직 꿈꿔

그대로 시간이 두고 간
악몽은 오늘도 찾아와
뒤를 돌면 서 있어
진짜 내 모습이야

내가 알던 동화 속의 여왕처럼
난 어른인데 그게 다인 걸
모든 동화처럼
해피엔딩들만 있다고 믿었던
꿈만큼은 아직 나도 똑같은 걸

그 어린애가 남아있어
모든 동화처럼
해피엔딩들만 있다고 믿었던
아이처럼 아직 꿈꿔

Fabulous

작사 Rachel Kanner 외 3명 | **앨범** To. X | **발매일** 2023.11.27

Music Audio

Darling I'm a masterpiece,
a work of art
Hi my name is fabulous
your favorite star

Diamonds on my wrist
Come blow me a kiss
Cause, Hi my name is fabulous
your favorite star

Oh when I walk down the boulevard
people call my name
Oh my god look there she goes again
Hear them whispering

She's so bad but she's classy
How she does it don't ask me
They all wanna hold my hand
Got 'em all saying damn girl

Fabulous

Darling I'm a masterpiece,

a work of art

Hi my name is fabulous

your favorite star

Diamonds on my wrist

Come blow me a kiss

Cause, Hi my name is fabulous

your favorite star

Takin' pictures signing autographs

Roses on the stage

Don't you know I'm rare like caviar

Tasty on your plate

I'm so bad I'm so classy

How I do it don't ask me

They all wanna be my fan

I got 'em all saying damn girl

Fabulous

Darling I'm a masterpiece,
a work of art
Hi my name is fabulous
your favorite star

Diamonds on my wrist
Come blow me a kiss
Cause, Hi my name is fabulous
your favorite star

I'm your sunshine I'm your star
Babe without me won't get far
So divine I'm off the charts
Masterpiece, a work of art

Darling I'm a masterpiece,
a work of art
Hi my name is fabulous
your favorite star

Diamonds on my wrist
Come blow me a kiss
Cause, Hi my name is fabulous
your favorite star

Melt Away

작사 강은정 외 6명 | 앨범 To. X | 발매일 2023.11.27

Music Audio

Tell me what you feeling
헤맬지도 몰라 Maybe
그러니까 맡겨 봐
닿아볼게 Deep end
너도 너를 속여버린 맘

차가웠던 너의 눈빛이
Melt melt slowly
긴장감은 어느새 Fast
Fast 널 웃게 하지

넌 투명한 Ice
깊은 곳에 숨겨진 너도 모르는
난 내리쬐는 Sun
네 마음을 꺼내지 난 당연하듯

밀려오는 파도 속에
허우적거려도 Not bad
녹아내려 넌 나에게

내게 사로잡혀 있는 Eyes
맘껏 휘둔 짜릿한 순간
틈 없이 완벽히 스며와
Everything nice

얼어있던 너의 표정이
Melt melt slowly
순식간에 휩쓸려 Fast
Fast 또 휘청이지

넌 투명한 Ice
깊은 곳에 숨겨진 너도 모르는
난 내리쬐는 Sun
네 마음을 꺼내지 난 당연하듯

밀려오는 파도 속에
허우적거려도 Not bad
녹아내려 넌 나에게

바닥까지 모조리 벗겨내 Easily
선명해진 네 맘이 말을 해
Be here with me

네 온도를 바꿔놓은 듯해
Melt melt slowly
아무것도 남지 않게
Hey 다 가져갈게

반짝이는 Ice
깊은 곳에 숨겨진 너도 모르는
난 너를 비춘 Sun
네 마음을 꺼내지 난 당연하듯

너를 깨운 열기 속에
사라지는 것도 Not bad
녹아내려 넌 나에게 Yeah

Siren

작사 목지민 외 4명 | 앨범 INVU | 발매일 2022.02.14

Music Audio

Falling deep deep
어디까지 깊어질진 나도 몰라
처음부터 빠뜨릴 그런 계획은 아니었어

잔뜩 헝클어진 호흡과
내게 고정되어 버린 두 눈
굳이 말하지 않아도 난 다 알 것 같아
지금 너의 맘은 나를 원해

넌 나에게 애원하지만
그런 너를 난 가만히 바라봐
그 가슴에 계속해서 불질러
무모한 모험을 시작한 너
Keep sinking down 더 빠져들어 가

I can hear the siren 너도 들리니
예고 없이 온 맘을 뺏긴 네가 가여워져

빠지고 빠져도 끝없이 잠기기만 해
채우고 채워도 계속돼 날 향한 갈증
Hear the siren 난 좀 위험해

잔인한 Fantasy 널 구원할 듯 해치는
내 모든 몸짓은 유일한 네 Medicine
품에 안는 순간 또 물거품이 돼버려

치솟는 아드레날린
Come catch me if you can
입을 맞춰도 영원히 나를 가질 순 없으니

Siren

넌 나에게 손을 뻗지만
그런 너를 난 가만히 바라봐
그 가슴에 계속해서 불질러
도저히 헤어나지 못해 넌
Keep sinking down 더 빠져들어 가

I can hear the siren 너도 들리니
예고 없이 온 맘을 뺏긴 네가 가여워져

빠지고 빠져도 끝없이 잠기기만 해
채우고 채워도 계속돼 날 향한 갈증
Hear the siren 난 좀 위험해

Silence coming for us
고요한 정적에 더 아득해질 때
네 영혼의 깊은 곳까지 나로 다 적시어
너를 가둘게 영원히 내 곁에

I can hear the siren 너도 들리니
예고 없이 온 맘을 뺏긴 네가 가여워져

빠지고 빠져도 끝없이 잠기기만 해
채우고 채워도 계속돼 날 향한 갈증
Hear the siren 난 좀 위험해

I Got Love

작사 KENZIE 외 2명 | 앨범 My Voice | 발매일 2017.02.28

Music Video

유희는 쉬워
이 밤을 보낼 그 흔한 방법
그러기엔 우린 좀 달라 분명
그러자 밤의 마법이 욕망이 달이
속삭여 괜찮아 허니

어둠이 깊어 비밀을 덮어줄 테니
이끄는 대로 가 보고 싶은데

자 말해봐
Why you baby x2
우주 같은 네 안으로
need you closer x2 빠져들면

달뜬 한숨도 나부낀 나도
취한 듯 꿈을 헤매 너를 헤매 믿어지니

긴밀히 쌓인 너와 나 서로를 탐하던 단어
열기 가린 가면 벗어던져
끊어질 듯한 긴장은 의심은 사라졌으니
예 어서 와 허니

눈앞의 존재 넌 살아 움직이는데
오감에 취해 널 더 알고 싶어

자 말해봐
Why you baby x2
우주 같은 네 안으로
need you closer x2 빠져들면

달뜬 한숨도 나부낀 나도
취한 듯 꿈을 헤매 너를 헤매 믿어지니

전부 무너지게 다 녹아 버리게
터무니없이 미치게 해

Come and turn me on
You don't stop that fire
'cause I got love
I got love I got love

자 말해봐
Why you baby x2
우주 같은 네 안으로
need you closer x2 빠져들면

달뜬 한숨도 나부낀 나도
취한 듯 꿈을 헤매 너를 헤매 믿어지니

꿈인 듯해 너를 헤매
난 너만 원해 믿어지니

하하하 (LOL)

작사 dress 외 5명 | 앨범 Purpose | 발매일 2019.10.28

Music Audio

커피잔 속 얼음이
하나둘씩 사라지네
입안은 싸늘해져 가

네가 싫진 않은데
왜 이리 어색함뿐인 공기는
한참 깨지지가 않는 걸까

하하하 억지웃음을 내어주며
네가 다가와 내 입을 맞춰줄
타이밍을 줘여주네

하하하 웃지 또 하하하 억지
피식피식 대 답답한 공기
T T Time is tickin' 시간 낭비

Come closer to me
I laugh for you
Come here x4
I wait for you
Come in x3

틈은 열려있는데
What you doin'
아직도 입은 잠겨 있네
그냥 좀 망설이지 마 Boy

제발 아끼는 척하지 마 헷갈리게
마음은 가져왔으면서
언제까지 뒷걸음질만

Come along Come along x2
Oh 더 가까이 와
눈을 바라보며
네 숨소릴 들을 수 있게 Yeah

널 원하고 있는 내 마음을 봐
서로 다 알잖아 Yeah

똑같은 말 똑같은 설렘도
다 뻔하지만 난 그걸 바라 Oh
Why are you hesitatin'
내 손을 잡아줘 자연스럽게

하하하 웃지 또 하하하 억지
피식피식 대 답답한 공기
T T Time is tickin' 시간 낭비

Come closer to me
I laugh for you
Come here x4
I wait for you
Come in x3

Love You Like Crazy

작사 KENZIE 외 2명 | 앨범 Purpose | 발매일 2019.10.28

Music Audio

Come take my hand
감정에 휩싸인 채 생각해 널
Till' the end of time
이리도 쉽게 빠져들게 될 줄이야
홀린 듯해 이미 Out of control

사랑이란 게 참 우스워
나조차 변하게 해
뒤엉킨 허리케인 속의 널 갖고 싶어

소용돌이쳐 작은 유니버스
Love you like crazy
미친 듯해 네가 필요해
Baby I don't care
Just wanna love you you

날 끌어당기는 Gravity
그 힘은 너 그 위에 서 있을래
비가 내리고 폭풍 아래 젖은 채로
너를 마셔 온전히 느끼게

나를 안아줘 더 강하게
원한다 소리쳐 줘
뒤엉킨 허리케인 속의 널 나만 갖고 싶어

Not to let you go
Divin' to your soul
Love you like crazy
미친 듯해 네가 필요해
Baby I don't care
Just wanna love you you

저 태양이 식어가 차갑게 굳어가
온 세상이 멈춰도 It's OK
그 순간에 난 너 하나면 돼
I must stick with you forever

소용돌이쳐 작은 유니버스
Love you like crazy
미친 듯해 네가 필요해
Baby I don't care
Just wanna love you you

Not to let you go
Divin' to your soul
Love you like crazy
미친 듯해 네가 필요해
Baby I don't care
Just wanna love you you

Fashion

작사 김인형 외 4명 | 앨범 Why | 발매일 2016.06.28

Music Audio

누누이 말했지 사랑은 한순간
우연히 마주친 놀라운 그 시작
나를 감싸 줄래 우리 완벽해지게
갖고 싶은 건 난 가져야 하는 걸

조각조각 내 감정을
붙여 주는 넌 새로운 패턴
서로를 향해 보내온
비밀스런 아슬한 motion

Ooh ooh ooh
넌 나만의 fashion
Ooh ooh ooh
하나뿐인 fashion

작은 곳 구김도 놓쳐서는 안돼
나를 감당해 긴장해
뭐가 됐든 전부 내게 어울려 봐
좀 더 섬세해지도록
멈추지 말고 더 다가와도 좋아 Oh

이 키스에 널 더 안고파
그 감촉은 참 따뜻할 거야
가까운 이 침묵 속에
더 얽히는 우리 둘 시선

Ooh ooh ooh
넌 나만의 fashion
Ooh ooh ooh
하나뿐인 fashion

Never stop loving
never stop loving you
x4

더 화려한 건 다 필요 없어
너 하나로 충분한 나야
이 투명한 공기를 타고
내 맘은 널 향해 있어

Ooh ooh ooh
넌 나만의 fashion
Ooh ooh ooh
하나뿐인 fashion

Never stop loving
never stop loving you
x4

Hot Mess

작사 차이린 외 3명 | **앨범** Letter To Myself | **발매일** 2024.11.18

Music Audio

아우성대 미친 세상이
온통 빙빙 돈 듯이
새벽 내 현기증이 일어

기울어 뒤집힌 시야 끝에
걸친 너의 실루엣
위태로운 걸음이 웃겨

어디에도 구원은 없어
그럴 때면 더 미치고 싶어

I'm a hot mess
And you you ain't so different
어지러운 세상 속에
난 너와 함께 망가지고 있어

I'm a hot mess
더 무너트려 세게
뒤틀린 세상 속에
더 선명하게 부서지고 있어

일그러지는 Oh
Mess up my life some more
온통 헤집어 Oh
Mess up my life some more

아프게 숨을 조인 어깨와
허우적댄 꼴을 봐
거울 속의 우린 So funny

뜨거운 숨에 데인 그 순간
깊었었던 흉터가
뒤덮여 이 순간은 잠시

멈춘 듯한 시간 속에서
아득해지는 세상은 Quiet

I'm a hot mess
And you you ain't so different
어지러운 세상 속에
난 너와 함께 망가지고 있어

I'm a hot mess
더 무너트려 세게
뒤틀린 세상 속에
더 선명하게 부서지고 있어

일그러지는 Oh
온통 헤집어 Oh
일그러지는 Oh
Mess up my life some more

Cold As Hell

작사 차유빈 외 4명 | **앨범** INVU | **발매일** 2022.02.14

Music Audio

익숙해 내 앞에 너를 보며
예전의 나를 떠올려
뱉어낸 한숨에 공기마저
식어간다는 걸 느껴

놓아버린 너는 왜 아직
이미 끝나버린 시간에 갇혀

손을 대면 시들어져 버리고
아스라이 남겨진 기억은 Ghost
따스했던 우리는 없다고
Yeah it's getting
cold as hell, cold as

추억 따윈 가물어져 버린 못
보기 싫은 흔적만 남겨진 곳
아름답던 우리였다 해도
Yeah, it's getting
cold as hell, cold as hell
Yeah, it's getting

지루한 말들만 늘어놓지
넌 변한 게 하나 없어
바닥에 고였던 감정까지
남김없이 비워가

어질러진 너의 기억 속
밤새 찾고 있니 난 거기 없어

손을 대면 시들어져 버리고
아스라이 남겨진 기억은 Ghost
따스했던 우리는 없다고
Yeah it's getting
cold as hell, cold as

추억 따윈 가물어져 버린 못
보기 싫은 흔적만 남겨진 곳
아름답던 우리였다 해도
Yeah, it's getting
cold as hell, cold as hell
Yeah, it's getting

특별했고 지겨워져
다를 거 없이 입술에 배인
이름조차 희미해지겠지

손을 대면 아프도록 차갑고
고요함에 소음도 삼켜진 곳
찬란했던 모든 건 That's just gone
Yeah it's getting
cold as hell, cold as

그래 우린 가물어져 버린 못
그 누구도 다신 찾지 않을 곳
이제 그만 지워 Just let me go
Yeah it's getting
cold as hell, cold as hell
Yeah, it's getting x2

What Do I Call You

작사 KENZIE 외 3명 | 앨범 What Do I Call You | 발매일 2020.12.15

Music Video

Hello 넌 stranger 남은 건 별로 없어
memories, memories, memories
안녕이라 했는데 왜 넌 내 옆에 있어
그대로 그대로 그대로

어색했던 공기에 웃음이 났어 왜
너무 가까웠던 내 것이었던
my honey my daisy

What do I call you 남이잖아
별일 없던 척 말을 거나
그렇게 꼭 껴안았는데
So what do I call you now

What do I call you
이럴 때엔 이름이 역시 무난할까
내 연인이었던
my honey my daisy my only
So what do I call you now

복잡한 밤이야 기대 반 장난 너를
불러내 불러내 불러내
날 데리러 온 네게 기대 생각해 궁금해
적당한 거리란 건 뭘까

Cause this isn't natural
널 매일 보는 걸 이젠 아는 사람
내 것이었던
my honey my daisy

What do I call you 남이잖아
별일 없던 척 말을 거나
그렇게 꼭 껴안았는데
So what do I call you now

What do I call you 이럴 때엔
이름이 역시 무난할까
내 연인이었던
my honey my daisy my only
So what do I call you now

모든 게 달라졌는데 편하진 않은데
넌 내 옆에 있고 이제는 널 뭐라 부를까
my baby my honey my daisy my only

Da da da da da da da da x3
So what do I call you now
x2

What do I call you 남이잖아
이름이 역시 무난할까
그렇게 꼭 껴안았는데
So what do I call you now

I'm OK

작사 Yorkie 외 5명 | **앨범** My Voice | **발매일** 2017.02.28

Music Audio

아무렇지 않은 척해도 다 모른 척해도
매일같이 나를 깨우던 너라는 악몽
차가운 시선과 싫증 난 표정 돌려보낼게
나도 지겨워 하나둘씩 모두 버릴게

아무리 널 믿어보려고 노력해 봐도
이리저리 내 눈을 피해 네 입술은 또 또
다 잊을게 잊어버릴래
더는 관심도 흥미도 없어
모두 깨끗이 남김없이 널

영원히 함께라고 믿었던 한때도 Oh
저기 바람결에 날려 멀리 날려봐
괜찮아 이젠 나도 나만의 길을 찾아 Oh
내 꿈을 따라 갈래 I'm OK OK

무심한 척 떠보듯이 또 연락을 하고
괜시리 날 신경 쓰는 척 눈길을 주지
이 애매한 미지근한 Something
밀고 당기는 사이는 난 싫어
No thanks baby

영원히 함께라고 믿었던 한때도 Oh
저기 바람결에 날려 멀리 날려봐
괜찮아 이젠 나도 나만의 길을 찾아 Oh
내 꿈을 따라 갈래 I'm OK OK

시간이 흘러가면 널 가끔 떠올려도 Oh
웃음 섞인 미소를 짓고 태연하겠지
아픔도 눈물도 이젠 다 끝났어 Oh
너 없이 난 오늘부터 너 없이도 난 OK

Right Alright Alright x3 Oh
Right Alright Alright x3 I'm OK

바람 바람 바람 (Baram X 3)

작사 조윤경 외 3명 | **앨범** Something New | **발매일** 2018.06.18

Music Audio

비밀이 하나둘씩 늘어가도
설마설마했어
또 왠지 오래 걸리는
전화연결에도 애써 담담했어

오늘따라 부쩍 요란하게
내 방 유리창을 흔들어대
Oh my god What's happening
언제 그칠지도 모르는 채
구름마저 몰려오는 듯해
Oh my god What's happening Yeah

네게 전화할 때
받지 않는 널 계속 기다리며
난 바라 바라 바라봐 바람 바람 바람
창밖 가득 더
자꾸 뱅 뱅 뱅 소용돌이쳐 대
난 바라 바라 바라봐 바람 바람 바람

어떤 기대감도
이젠 네게 없어 없어져가
난 조금씩 차가워진 바람 속에
싸늘히 식었지 Yeah

오늘 밤은 특히 요란하게
저 큰 나무마저 흔들리네
Oh my god What's happening
나 언제부턴지도 모르는 채
불안한 이 밤을 견뎌야 해
Oh my god What's happening Yeah

네게 전화할 때
받지 않는 널 계속 기다리며
난 바라 바라 바라봐 바람 바람 바람
창밖 가득 더
자꾸 뱅 뱅 뱅 소용돌이쳐 대
난 바라 바라 바라봐 바람 바람 바람

Eh eh eh oh
바라 바라 바라봐 바라라 바람
x2

네게 전화할 때
받지 않는 널 계속 기다리며
난 바라 바라 바라봐 바람 바람 바람
창밖 가득 더
자꾸 뱅 뱅 뱅 소용돌이쳐 대
난 바라 바라 바라봐 바람 바람 바람
x2

Eraser

작사 Mafly 외 5명 | **앨범** My Voice | **발매일** 2017.02.28

Music Audio

긴 악몽을 꾼 듯해
전쟁 같던 너란 사랑의 미소
나쁜 너의 매력에
바보처럼 발을 들였던 미로

아찔한 둘 사이
the Love & the Hate
아슬한 경계선의 작은 틈새
모든 걸 뒤로한 채 태연하게
Oh I tried tried tried tried

완벽히 널 지워줄 Eraser
필요해 널 잊기 위해
깨끗이 날 씻겨줄 Eraser
다신 널 원하지 않게

목표를 향한 Racer
이 맘속 Chaser
날 새롭게 바꿔 Brand New
너라는 악몽에서
날 깨워줘 You
널 향한 Eraser

Eraser

어쩜 이리 뻔뻔해 여전히 넌
내 주위를 맴돌아
네겐 너무 과분해 너 하나만
뜨겁게 사랑했던 난

아찔한 둘 사이
the Love & the Hate
수 없는 어둠 속 고민만 밤새
널 향한 화살촉 손끝에 쥔 채
Oh I tried tried tried tried

완벽히 널 지워줄 Eraser
필요해 널 잊기 위해
깨끗이 날 씻겨줄 Eraser
다신 널 원하지 않게

목표를 향한 Racer
이 맘속 Chaser
날 새롭게 바꿔 Brand New
너라는 악몽에서
날 깨워줘 You
널 향한 Eraser

Eraser

완전히 깨끗해진
내 맘 비춘 Headlight
네 모든 기억들은
나에게서 Fade out
몰아친 폭풍 속에
내 마음은 Green Light
Yeah I'll be just fine x2

네게서 날 구해줄 Eraser
새로운 시작을 위해
깨끗이 날 씻겨줄 Eraser
작은 미련조차 없게

멈추지 않을 Racer
멀어진 Chaser
널 지우고 맘을 Re-New
지독한 너에게서
날 깨워줘 You
널 향한 Eraser Oh yeah
널 향한 Eraser

악몽 (Nightmare)

작사 한로로 외 4명 | **앨범** To. X | **발매일** 2023.11.27

Music Audio

약해빠진 감정들에
날 비추려 하지는 마
아이처럼 우는 널
이해할 수 없는 나야

따분해 재미없는 패턴
애정과 거리가 먼 동정뿐인 걸
내가 딱 하나 잘못한 건
넓은 품에 좁은 너를 담아줬단 것
할 말이 많아 보여

상처 가득한 두 눈으로 말하는 널
내려다보는 내 위치는 여기란 걸
좋은 기억만 찾아 떠나가
넌 잘 모르겠지만
사랑은 상처받는 꿈일 뿐이야

기분 좋은 착각은 마
너는 그저 그런 너야
이미 한껏 치우친 저울처럼
같아질 수 없는 거야

왜 그리 내 탓을 해 매번
예전과 다름없는 변명뿐인 걸
네가 딱 하나 알만한 건
아무것도 남겨내지 못 한 너란 걸
할 말이 많아 보여

상처 가득한 두 눈으로 말하는 널
내려다보는 내 위치는 여기란 걸
좋은 기억만 찾아 떠나가
넌 잘 모르겠지만
사랑은 상처받는 꿈일 뿐이야

할 말이 없어 보여
침묵 사이 바쁘게 떠도는 공기처럼
멍한 두 눈은 내 안에 담길 수 없어
내일이라는 희망 속에
널 가둬버린 날 지워
사랑은 상처받는 꿈일 뿐이야

그렇게 아파해도
사랑은 상처받는 꿈일 뿐이야

I Blame On You

작사 Yorkie | 앨범 My Voice | 발매일 2017.04.05

Music Audio

이 바람이 부르는 기억에
먼지 쌓인 태엽을 돌리면
선명해지는 지난 날의 너와 내가
이 계절 속에 향기로 날 파고들어

I Blame On You
닿을 수 없는 시간을 지나서
I Blame On You
흩어지는 그날의 조각들

그리움 닮은 파도 따라
울컥해진 계절 안에서
I Blame On You
닿을 수 없는 너에게 난

따스하게 햇살이 비추면
저 꽃처럼 내게로 피어나고
몇 번의 밤을 더 보내면 잊게 될까
매일 같은 기억 속을
자꾸 맴도는 난 So

I Blame On You
닿을 수 없는 시간을 지나서
I Blame On You
흩어지는 그날의 조각들

그리움 닮은 파도 따라
울컥해진 계절 안에서
I Blame On You
닿을 수 없는 너에게 난

떨리는 입술로 숨겨왔던
내 비밀은 아직도
Feel like I' m alone

I Blame On You
내 기도가 너에게 닿을까
I Blame On You
언제쯤 널 무던히 말할까

한참을 벗어날 수 없는
너의 그림자에 갇힌 난
I Blame On You
흔들리는 날 잡아줘
너에게로

Fire

작사 제이큐 외 6명 | 앨범 My Voice | 발매일 2017.02.28

Music Audio

붉게 물든 창을 비춘
적막한 하늘을 보다
습관처럼 널 불러
대답이 없어
너는 보이지 않아

곁을 지켜 주겠다던 속삭임
믿었던 너인데
어떤 인사 하나도 남김없이
멀어져 이렇게

You're the Fire
따뜻한 온도
소리 없이 끌려 난
넌 내게 번져 두 눈을 뜨면
잿빛 흔적만 남아
Oh you're the Fire
Oh I know you're the Fire

의미 없는 나의 하루
네가 없단 사실로
기대들로 쌓인 미래의 탑이
단 한순간 무너져 Oh

절망마저 안아주던
큰 품이 공허할 뿐인데
눈빛 손길 몰랐던
너의 거짓 끝났어 모든 게

You're the Fire
따뜻한 온도
소리 없이 끌려 난
넌 내게 번져 두 눈을 뜨면
잿빛 흔적만 남아
Oh you're the Fire
Oh I know you're the Fire

I feel so alone x4
You're the Fire
다가가면 내 맘까지 삼켜가
하얗게 번져 까맣게 태워
흐린 연기만 남아

Oh you're the Fire
Oh I know you're the Fire
x2
You're the Fire
I know you're the Fire

Here I Am

작사 조윤경 외 2명 | **앨범** Purpose | **발매일** 2019.10.28

Music Audio

누구보다 행복한 웃음 짓다
돌아서면 밀려온 공허한 밤
문득 멀리서 느껴진 Eyes
불안하게 떨린 거울 속의 나

투명히 펼친 거울 속 나란히
수많은 내 모습들에

Ah 더 깊이 갇힌 듯해
Ah Here I am
널 떠나온 그 너머에

선명하게 반짝인 밤의 별빛
수면 위로 비칠 땐 여지없이
작은 흔들림 하나까지
드러내고 마는 내 모습 같아

눈물이 고인 그만큼 흔들린
거울 속의 내 눈빛에

Ah 더 깊이 갇힌 듯해
Ah Here I am
널 떠나온 그 너머에

언젠가 한없이 따스한
너에게 들릴까 Here I am

매일 난 매일 밤
Here I am

Ah 이토록 목이 타게
Ah Here I am
마주 본 거울 너머에

월식 (My Tragedy)

작사 김부민 | 앨범 Purpose | 발매일 2020.01.15

Music Audio

텅 빈 하루의 끝
모두 바쁘게 어디론가 돌아가고
붉어진 밤하늘에
내 모습 조금씩 어둠 속 사라지고

저 많은 반짝이는 불빛
단 하나의 빛도 내 것은 없어
차가운 그늘 아래 홀로
마치 처음부터 없었던 것처럼

I don’t need nobody nobody nobody
돌이킬 수 없는 My tragedy
아무 말도 이젠 의미가 없잖아
그림자 속에 핀 My tragedy
I don’t need nobody

지친 미소 뒤로
끝내 감추고만 초라한 내 뒷모습
거친 파도 너머
웃고 우는 사람들 사이 떠도는 섬

넌 쉽게 나를 말하지만
단 한 번도 내 맘 넌 본 적 없어
화려한 조명이 꺼지고
연극이 끝나면 나는 없을 테니

I don’t need nobody
아름다운 그대 이제 안녕
한걸음 한 걸음씩 멀어져
잊을 수 없는 너 My tragedy

기억의 강을 건너 돌아갈 수 없어
너에겐 순간 내겐 영원으로 남은 Scar
늘 같은 궤도 속을 맴돌고 있어도
늘 다른 곳을 바라보는 너

I don’t need nobody
돌이킬 수 없는 My tragedy
아무 말도 이젠 의미 없어
그림자 속에 핀 My tragedy

I don’t need nobody
아름다운 그대 이제 안녕
한걸음 한 걸음씩 멀어져
잊을 수 없는 너 My tragedy

I don’t need nobody x2
아무 말도 이젠 의미 없어
그림자 속에 핀 My tragedy
이제 안녕

INVU

작사 진리 외 4명 | 앨범 INVU | 발매일 2022.02.14

Music Video

Falling in love 너에겐 난 Option
시작부터 다른 너와 나
깨지는 Heart 빗나간 네 Mention
익숙하거든

I think I lost my mind
But It's my kind of love
아끼지 않고 다 쏟아내고는 주저앉아
문득 어느 순간 지친 내가 보여
애쓰고 있지만

So I can't love you
Even though I do
밀어내 봐도 난 너를 못 이겨
날 버리고 날 잃을수록
넌 반짝이는 아이러니

So I N V U
I N V U x2

기대지 마 기대하지도 마
몇 번을 되뇌고 되뇌도
그 손길 한 번에 무너지는 날 볼 때
네 기분은 어때

I guess I lost my mind
Yeah It's my kind of love
늘 처음인 것처럼 서툴러서 또 상처가 나
무뎌지기 전에 아물기도 전에
잔뜩 헤집어 놔

So I can't love you
Even though I do
밀어내 봐도 난 너를 못 이겨
날 버리고 날 잃을수록
넌 반짝이는 아이러니

So I N V U
I N V U x2

식은 온기 부서진 맘이
자꾸 날 할퀴어 아파도 못 멈춰
So when you leave
Please make it easy
Cause I N V U

I N V U x4

Can't Control Myself

작사 태연 외 6명 | 앨범 Can't Control Myself | 발매일 2022.01.17

Music Video

Ah ah ah ah ah ah x2

키만 훌쩍 커버린 어른 아이 같아
진심이 없는 네 말에
감당하지 못할 감정을 택했잖아

그래 Too late
상처를 되돌리기엔 늦어버렸어

미쳤다 해도 뭐 어때
Ah ah ah ah
Cause I can't control myself
Ah ah ah ah

네 앞에선 모든 게 잘 통제가 안돼
다 터질 것만 같아
Cause I can't control myself

반복되는 Bad days
비참해 바닥난 감정
헛돌기만 해 헐거운 반지처럼
상관없어 사랑이 다 이럴 텐데

미쳤다 해도 뭐 어때
Ah ah ah ah
Cause I can't control myself
Ah ah ah ah

네 앞에선 모든 게 잘 통제가 안돼
다 터질 것만 같아
Cause I can't control myself

Can't Control Myself

Ah ha ha ha
Feels like heaven feels like hell
Ah ha ha ha
그마저도 I don't care
Ah 난 또다시 네게 되돌아갈 텐데

미쳤다 해도 뭐 어때
Ah ah ah ah
Cause I can't control myself
Ah ah ah ah

네 앞에선 모든 게 잘 통제가 안돼
다 터질 것만 같아
Cause I can't control myself
Ah ah ah ah x2

네 앞에선 모든 게 잘 통제가 안돼
다 터질 것만 같아
Cause I can't control myself

Circus

작사 조윤경 외 3명 | **앨범** Something New | **발매일** 2018.06.18

Music Audio

아주 찬란했고
빛이 가득해 늘 가득해 Baby
모두 환호하고 다시 환호해 우릴 향해 Yeah

Cause you yeah you
너의 모습이 너의 웃음이 Yeah
온 밤 Oh 날 단꿈에 젖게 할
눈부신 무대로 이끌어내

난 인형처럼 너를 향해 웃은 채
또 한발 한발 아찔함을 참아야 해
혼자서 이겨내 온 두려움에
더 밝게 빛난 우리의 Night

이건 더없이 아름다운 My circus
때론 눈앞이 아찔하지만
위험할수록 달아오를 My circus
우린 오늘 밤 얼마나 더 아름다울까
네게 던질 My heart

망설임도 없이
나를 너에게 전부 너에게 Yeah
힘껏 손 내밀어 날아갈게 너를 향해

Cause you yeah you
너의 두 손이 너의 마음이 Yeah
Oh 날 Oh 날 놓치고 만다면
환상은 부서져 끝나겠지

Circus

새하얀 옷은 꽃잎처럼 나풀대
또 살랑살랑 아득하게 피어날 때
난 구름 위를 걷듯 편안하게
널 향해 다가갈 테니까

이건 더없이 아름다운 My circus
때론 눈앞이 아찔하지만
위험할수록 달아오를 My circus
우린 오늘 밤 얼마나 더 아름다울까
네게 던질 My heart

Say goodnight yeah
Oh yeah oh yeah
Say goodnight yeah
좀 더 널 걸어 봐
Say goodnight yeah
이 밤에 이 밤에 Baby
Say goodnight yeah
우릴 맡겨봐 Baby

새하얀 옷은 꽃잎처럼 나풀대
또 살랑살랑 아득하게 피어날 때
난 구름 위를 걷듯 편안하게
널 향해 다가갈 테니까

이건 더없이 아름다운 My circus
우린 매일 밤 얼마나 더 위태로울까
유난히 빛날 My heart

Set Myself On Fire

작사 KENZIE 외 4명 | 앨범 INVU | 발매일 2022.02.14

Music Audio

혼자여도 난 괜찮아
넌 그렇지도 않잖아
그리 외로움 타면서
거짓말하지 말아

요즘 너 일이 쌓여서
시간이 좀 필요해서
그런 거 다 이해했어
널 잘 아는 나인데

달아나려 하는 거니
나를 보지도 못하니
내가 그리 나빴었니
나 듣고 싶지 않아

더 환히 웃어도 슬퍼
네 옆에 있어도 멀어
어떻게 해야 너를 잡을 수 있을까
Should I set myself on fire

우리 더 멀어지지 않게
서롤 꼭 잡고 있어야 해
너의 그 차가워진 맘을 데울게
I' m gonna set myself on fire

너는 여전히 잠 못 들고
그 이유는 나여야 해
조금도 무겁지 않던
그런 날들이 좋았어

원하는 걸 잘 알잖아
너는 그런 사람 아냐
제발 날 울리지 말아
더 말하지 마, 그만

더 환히 웃어도 슬퍼
네 옆에 있어도 멀어
어떻게 해야 너를 잡을 수 있을까
Should I set myself on fire

우리 더 멀어지지 않게
서롤 꼭 잡고 있어야 해
너의 그 차가워진 맘을 데울게
I' m gonna set myself on fire

Set myself on fire
I' m gonna set myself on fire x3
Set myself on fire x5

Blur

작사 최인영 외 5명 | **앨범** Letter To Myself | **발매일** 2024.11.18

Music Audio

Something in the mirror
깨진 가면 속의 표정을 들켜버린
잃어버린 거야 아님
처음부터 갖지 못한 Better me

더 괜찮은 척해 다 감춰버린
그 가십 마치 그게 다 나란 듯이
애매한 색 안에 갇혀버린
뭐야 뭘 위한 나였지

It's all a blur
자유롭지 못한 내 Words
아파해도 외면한 Heart
낯설어져 전부
I don't recognize you

It's all a blur
산산이 더 뜨겁게 Burn
다 신기루라 해도 Run
멀어져가 전부
I don't recognize you
It's all a blur

수없이도 믿어왔던 길이 전부 미로
Now I'm wondering, wondering
숨차게 달려왔던 자리
다시 밝힐 꿈결 속을 헤매지

네 멋대로 써낸 날 나란 듯이
내 진짜 마치 아무도 아닌 듯이
조각난 채 아프게 맞춰진
대체 뭘 위한 나였지

It's all a blur
자유롭지 못한 내 Words
아파해도 외면한 Heart
낯설어져 전부
I don't recognize you

It's all a blur
산산이 더 뜨겁게 Burn
다 신기루라 해도 Run
멀어져가 전부
I don't recognize you
It's all a blur x2
잠들 수조차 없어

선명히 원해 다 나일뿐인
네 관심 밖에서 더 눈이 부신
이제야 봐 다시 Follow my dreams
이 모든 날 제대로 봐

It's just a blur
이제 날 제대로 봐

Burn It Down

작사 이오늘 외 2명 | 앨범 To. X | 발매일 2023.11.27

Music Audio

끝내 무너져버린 날 바라볼 때
네 맘은 어때 Yeah

깨진 조각상같이 날카로운
끝에 맺혀진 Real end Oh

나를 도려내는 모진 말들에
너만의 이유로 그 안에 가둬놓고
이리저리 재고 잘라낸 뒤에 돌아선
It's you

네 멋대로 만든 거짓들 속에
마음의 그림자 모두 다 외면한 채
회색 연기 속을 헤매던 내게 뭘 원해

So if you leave me 사라져 멀리
고장나버린 내 모습
Burn it down now

깊이 내 안에 박힌
네 흔적까지 남김없이
Burn it down now

겨우 이별이겠지
미련한 내게 처음부터 어긋났던 결론

아무리 아무리 생각해도
진심은 조금도 없을 테니
아마도 너에게 난 가벼운 자극일 뿐

나의 눈을 가린 너의 손길에
그 사소한 의문도 잊은 채로
모두 사랑이라 믿었던 내게 뭘 원해

So if you leave me 사라져 멀리
고장나버린 내 모습
Burn it down now

깊이 내 안에 박힌
네 흔적까지 남김없이
Burn it down now

어리석게 이제야 보여
완벽히 다른 너와 또 내가 Oh oh

순진하게 너만 바라보던
그때의 나는 없어 네 손에 I am gone

남김없이 Burn it down now x2

Night

작사 류우 외 1명 | 앨범 Why | 발매일 2016.06.28

Music Audio

You gotta come take my love
커튼 뒤에 가려진 세상에
어둠이 차오르고 지쳐 잠이 드는 밤
Every night like this come on

본능적으로 또다시 깨어나
무던해진 그리움을 다시 비추고

홀로 남은 이곳에 Right here
네가 없는 My birthday
My birthday 익숙해지긴 싫어
Don't you wanna know
wanna know

내 맘을 삼켜낼수록
한참 더 퍼져만 가 baby

헝클어진 머릿속에서
아련히 지울 수 없는 하나
희미한 너와의 작은 기억

점점 파고들어 쓰려도
헤어나지 못하고 있어
Through the night x2

밤은 깊어져 가고
비워낸 줄 알았던 이 맘속에
자꾸 너를 되뇌며
Wanna remember like that

흐릿한 기억 그 끝에 남아 있는
네 이름 다 흩날려 버릴 거야

둘이 보던 영화도
혼자 보는 지금도 My birthday
익숙해져야만 해
Don't you wanna know
wanna know

짙게 밴 너의 향기가
코끝을 스치는데 baby

Night

헝클어진 머릿속에서
아련히 지울 수 없는 하나
희미한 너와의 작은 기억

점점 파고들어 쓰려도
헤어나지 못하고 있어
Through the night x2

낯선 어딘가로 떠나면
모두 지워낼 수 있을까

All through the night 조금씩
All through the night 네게서
멀어져 가는 나 Ah yeah

아득해진 기억 속에서
우릴 놓지 말았어야만 해
그때로 시간을 돌려 봐도

깊이 빠진 헛된 이 꿈에
깨어나지 못하고 있어
Through the night x2

Through the night x2
All through the night I'll do it
텅 빈 꿈이라 한대도
절대 깨우지 말아 줘
Come and get me

Through the night
Hey yeah through the night
through the night
All through the night

그런 밤 (Some Nights)

작사 김이나 외 2명 | **앨범** INVU | **발매일** 2022.02.14

Music Audio

가장 높은 음으로 불러본 너의 이름
어쩌면 닿을 것 같아
가장 아픈 봄에도 기어이 꽃이 피면
나는 그게 네 잔소리 같아

이젠 긴 시간 속을
천천히 걸어 서두르기 싫어서
작고 사소한 일로 환하게 웃다가도

누가 울어도 이상하지 않은 밤
난 너를 몰래 떠올려
비가 내리면 눈물이 보이지 않는 것처럼

꺼내 먹을 만큼의 행복한 기억들을
주머니에 넣으면
전부 쓰기는커녕 남겨온 날이 있어
그건 좋은 날이지

지난 기억으로만
울고 웃는 게 왠지 아쉬운 거야
마음 안의 시계를 지금에 맞추지만

누가 울어도 이상하지 않은 밤
난 너를 몰래 떠올려
비가 내리면 눈물이 보이지 않는 것처럼

그리워하면 어디든 있는 너
늘 나와 걷는 넌
제일 밝은 곳으로만 이끌어

크게 웃어도 어색하지 않은 밤
긴 꿈을 깨지 않는 밤

끝내 잊어도 이상하지 않은 날
널 보내줄 수 있겠지
그때까진 피하지 않아
그리움은 슬픔이 아냐

다른 시간일 뿐이야
So let the memories go on
And let the days go on and on
So let me remember
오늘 같은 밤이면

Lonely Night

작사 KENZIE | 앨범 My Voice | 발매일 2017.02.28

Music Audio

이젠 익숙해질만 한데
밤은 너무 길어 잠은 오지도 않네 Yeh
넌 지금 뭐 해
두어 번 혹은 더 전화기를 만지작대
절대 그럴 나 아닌데

낯선 곳을 가
너의 흔적이 없는 세계를 만들래
낯선 거리 사람들
그래 괜찮아

바쁘게 지내다
또 네가 보여 나를 뒤흔들 때마다
Some things never change
잘 알아 너는 없단 걸

추억 따윈 버리자 다 Yeh
환상일 뿐였잖아
Boy 끝났어 널 미워해
I don't know your name
이 말 몇 번이나 되뇌야 하는지

여지없이 새 아침이 와도
깨어지지 않아 슬픈 꿈속을 헤매 Yeh
So why do I 변하지 못해
자꾸 뒤돌아 보게 돼
우리 둘이던 night and day

어딜 걸어도
너의 기억은 갑자기 내 앞을 막아
무심한 듯 지나쳐
제법 견뎌내

Lonely Night

나쁘지 않잖아
어차피 네가 그리운 건 사실인데
그것조차 아는 듯 나를 따라와

추억 따윈 버리자 다 Yeh
환상일 뿐였잖아
Boy 끝났어 널 미워해
I don’t know your name
이 말 몇 번이나 되뇌야 하는지

널 생각하는 밤이 줄어 가
Enough is enough 더 울진 않아
So let me redeem redeem redeem
전부 다 tonight
그래 널 다신 생각도 않게

지워버려 Lonely Night 다 Yeh
난 괜찮을 거잖아
널 이제야 잘 알듯 해
더 외롭게 해

추억 따윈 버리자 다 Yeh
환상일 뿐였잖아
Boy 끝났어 널 미워해
I don’t know your name
이 말 몇 번이나 되뇌야 하는지
I’m sick of lonely nights x2

Blue

작사 제이큐 외 7명 | **앨범** 사계 (Four Seasons) | **발매일** 2019.03.24

Music Audio

하얀 밤 아름답지만
더 차가운 밤 오늘
한 번만 다시 눈 맞춰줘 나를 좀 더

푸르게 번져가던 맘이 어느새
시들어버린 향기가 된 채
불러도 대답 없는 네 이름이
메아리처럼 울려

넌 나의 Blue
늘 그랬듯이 넌 나의 Blue
그리움만 가득 채워
번져도 아름다워

사랑이라는 말
너를 닮은 그 말

여전해 나의 하루는
너로 가득한 미로
한 걸음씩 멀어지면 더
유난히 깊어지는 한숨

느리게 흘러가는 숨 사이로
네가 있을 것 같아

넌 나의 Blue
늘 그랬듯이 넌 나의 Blue
그리움만 가득 채워
번져도 아름다워

사랑이라는 말
너를 닮은 그 말
사랑이라는 말
닿지 못할 그 말

잊을 수가 없는 온기
따스하던 그 기억에 울까
난 아직도 겁나
애써 괜찮은 척 안 되잖아
난 여전히 겁나

넌 나만의 Blue
늘 그랬듯이 넌 나만의 Blue
넌 나의 Blue x2

사랑이라는 말
너를 닮은 그 말
사랑이라는 말
닿지 못할 그 말

지나간 마음이란 건
잡을 수 없어

수채화 (Love in Color)

작사 이윤설 외 2명 | 앨범 My Voice | 발매일 2017.02.28

Music Audio

마치 투명한 색깔로 촉촉이 스며와
서로에게 물들던 시간들
채워지던 사랑 빛
내 맘속 선명했던 사랑이 Oh

희미해지는 Color
나 홀로 이 어둠 속을 걸어
그토록 선명했던 우리 추억들은
이제 희미한 흑백처럼
Now we' re faded x2

네 모습 아득해져 가
깨지 못한 꿈처럼
내 맘속에 아련하게 남아
다시 네가 그리워
한 폭의 풍경 같던 사랑이 Oh

희미해지는 Color
나 홀로 이 어둠 속을 걸어
그토록 선명했던 우리 추억들은
이제 희미한 흑백처럼

내 맘속에 눈부시게
물들었던 Me and You
눈물에 번진 Color
슬픔에 젖은 듯 퍼져

희미해지는 Color
나 홀로 이 어둠 속을 걸어
그토록 선명했던 우리 추억들은
이제 희미한 흑백처럼

Now we' re faded
Oh Oh Oh Oh Oh
x3
희미해지는 Color

All For Nothing

작사 태연 외 4명 | **앨범** To. X | **발매일** 2023.11.27

Music Audio

겨우 아문 상처를
덧나도록 또 헤집고
아프길 반복해도
But this time, this time

너만큼은 다를 거란
신기루를 닮은 바람과
눈앞의 네게 기대고 싶어
This time, this time

날 지탱해 온
내 영혼을 네게 내주고
허무히 난 또 무너졌지

더 휘청거릴 미련 혹은
자존심 하나까지 남기질 않았으니

더 흘려낼 눈물 한 방울 없이 다 쏟았으니
I give you all for nothing

All For Nothing

짧고 뜨거운 온기 뒤
에일 듯이 몰아칠 시린 외로움을 알면서
But this time, this time

내민 네 손을 꼭 잡고
깨어날 꿈이라도 네 체온에 쉬고 싶었어
This time, this time yeah

깊어진 널 향한 내 맘이 짓밟힌 채로
그렇게 재가 돼 버렸지

더 휘청거릴 미련 혹은
자존심 하나까지 남기질 않았으니

더 흘려낼 눈물 한 방울 없이 다 쏟았으니
I give you all for nothing

헛도는 시곗바늘 조각난 기억의 틈
잃어버린 날들을 Adios

텅 비어버린 내 두 눈에
남은 건 공허뿐인 나조차 지운 Ending

더 흘려낼 눈물 한 방울 없이 사랑했으니
I give you all for nothing
너에게 다 주었으니

Time Lapse

작사 김종완 | **앨범** My Voice | **발매일** 2017.02.28

Music Audio

여전히 그대로죠
생일은 몇 번씩이나 지났고
분명 나 역시 조금 더
어른이 돼 있는 것 같은데

아직도 너의 그 이름을 떠올리면
눈물이 맺히고
잠시만 눈을 감으면
니 모습이 보이고

모든 게 변해가도
너만은 항상 같은 자리에서
똑같은 모습으로 계속 날 울려

여전히 그대로죠
계절은 몇 번씩이나 변했고
이젠 너 없는 일상에
조금은 익숙해질 법도 한데

아직도 너의 그 이름을 떠올리면
눈물이 맺히고
잠시만 눈을 감으면
니 모습이 보이고

모든 게 변해가도
너만은 항상 같은 자리에서
똑같은 모습으로 계속 날 울려
계속 날 울려

Time Lapse

그래 이별이란 게
다 그런 거지 뭐
함께여서 행복했던 기억
모두 지워 가는 것

하지만 잊으려 하면 그럴 때면
눈물이 맺히고 눈물이 맺혀
맺혀진 그 눈물 위로
다시 니가 흐르고

시간은 멈춰지고
애써 숨겨왔던 나의 마음이
조용히 고갤 들고
애타는 목소리로 다시 널 불러

그래 사랑이란 게
다 그런 거지 뭐
항상 시작과 끝은
달라도 너무 다르고

그래 이별이란 게
늘 항상 그렇지 뭐
더 깊이 사랑한
마음을 찾아와 울려
그래 이별이란 게
계속 날 울려

Fine

작사 진리 외 5명 | **앨범** My Voice | **발매일** 2017.02.28

Music Video

찢어진 종잇조각에
담아낸 나의 진심에
선명해져 somethin' bout you

Yeah 나를 많이 닮은 듯 다른
넌 혹시 나와 같을까 지금
괜한 기대를 해

하루 한 달 일 년쯤 되면
서로 다른 일상을 살아가

나는 아니야 쉽지 않을 것 같아
여전하게도 넌 내 하루하루를 채우고

아직은 아니야 바보처럼 되뇌는 나
입가에 맴도는 말을 삼킬 수 없어

It's not fine
Ah- Ah- Ah- Ah-
It's not fine

Fine

머릴 질끈 묶은 채
어지러운 방을 정리해
찾고 있어 somethin' new

가끔 이렇게 감당할 수 없는
뭐라도 해야 할 것만 같은 기분에
괜히 움직이곤 해

하루 한 달 일 년 그쯤이면
웃으며 추억할 거라 했지만

나는 아니야 쉽지 않을 것 같아
여전하게도 넌 내 하루하루를 채우고

아직은 아니야 바보처럼 되뇌는 나
입가에 맴도는 말을 삼킬 수 없어

It's not fine
Ah- Ah- Ah- Ah-
It's not fine

Fine

의미 없는 농담 주고받는 대화
사람들 틈에 난 아무렇지 않아 보여

무딘 척 웃음을 지어 보이며
너란 그늘을 애써 외면해 보지만

우리 마지막 그 순간이 자꾸 떠올라
잘 지내란 말이 전부였던 담담한 이별

아직은 아니야 바보처럼 되뇌는 그 말
입가에 맴도는 말을 삼킬 수 없어

It's not fine
Ah- Ah- Ah-
x2
It's not fine

Better Babe

작사 김부민 | 앨범 Purpose | 발매일 2019.10.28

Music Audio

긴 한숨이 불고 나면
반짝이며 흩날려 그 기억들이
내 키보다 더 자라난
그림자를 제자리에 밟고 선다

하루하루가 길기만 해
조각조각 이어 둔 네 미소는
잠이 없는 꿈속으로 나를 삼키고

많이 너를 닮아버린 거울 속에 나
You make me Better babe
Better babe x3 이제 나 알아
You make me Better babe
Better babe x3 Better Better

이유 아닌 이유
내 안의 내가 널 아프게 했단 것도
You make me better babe
Better babe x3 Better Better

말이 없던 답이 없던
우리들의 마지막 그 고요 속에
아니라고 아니라고
소리 없는 눈물 깊이 잠겨가고

나는 그저 맴돌기만 해
고장나 버려진 장난감처럼
어제도 오늘도 내일도 이 자리에

믿지 않던 사랑이란 말 그게 너란 걸
You make me Better babe
Better babe x3 다시 내게로
You make me better babe
Better babe x3 Better Better

Better Babe

한순간 거품처럼 사라져간
날 파도치던 너에게
You make me better babe
Better babe x3 Better Better

이 꿈에서 깨어나고 나면
천천히 모두 흐려질 텐데
선명히 새겨진 상처들도
점점 무뎌지고 지워지고 말 텐데
우리 거기 없겠지

Better babe x4 이제 나 알아
You make me better babe
Better babe x3 Better Better

이유 아닌 이유
내 안의 내가 널 아프게 했단 것도
You make me better babe
Better babe x3 Better Better

한순간 거품처럼 사라져간
파도치던 너에게
You make me better babe
아무것도 보이지 않아
내 손을 잡아줘요
You make me better babe

No Love Again

작사 강은정 외 4명 | **앨범** INVU | **발매일** 2022.02.14

Music Audio

분명히 이번엔 다를 거라 말했지
네 손이 마지막 나의 구원인 듯이

영원은 없어 알면서 빠지곤 해
달콤한 감정 한순간 스쳐 가고
상처만 남아 그것만 되돌아보는 걸

내 맘은 내가 더 잘 아는데
왜 다른 누군가가 필요해
시작해 봤자 끝이 뻔한데
이젠 다 지겨워
No love again

한낮의 꿈일 뿐인 사라질 환상뿐인
매번 속는 거짓이 이젠 다 지겨워
No love again

설렘 영화만 봐도 느낄 수 있지
언제든 웃어줄 그런 친구도 많지

혹시나 했어 특별해 보이길래
모른 척 나도 네 손을 잡아 봤고
역시나 같아 더 많이 아픈 건 나란 걸

내 맘은 내가 더 잘 아는데
왜 다른 누군가가 필요해
시작해 봤자 끝이 뻔한데
이젠 다 지겨워
No love again

한낮의 꿈일 뿐인
사라질 환상뿐인
매번 속는 거짓이
이젠 다 지겨워
No love again

한 치의 틈도 없이 닫을 거야 내 맘도
더 높이 벽을 쌓지 넘어올 수 없도록

내 생각보다 짧았던 여행
널 잊는 것도 어렵지 않게
이번만큼은 내게 다짐해
이젠 다 지겨워
No love again

한낮의 꿈일 뿐인 사라질 환상뿐인
매번 속는 거짓이 이젠 다 지겨워
No love again

I don't want to love again
No more love again x2
Yeah yeah

스트레스 (Stress)

작사 Mafly 외 5명 | 앨범 I | 발매일 2015.10.07

Music Audio

화가 나 왠지 Oh 내 맘 깊숙이
꼭 감춰온 말이 떠올라
머릴 맴도는 널 톡 쏘는 한마딜
내뱉지 못해 나답지 않게

널 둘러싼 모두의 말
Oh Blah Blah Blah
그 누가 봐도 넌 넌 너무 나쁜 남잔데
바보처럼 난 왜 끌린 걸까

Ah 네 진실은 다를지 몰라
Ah 내 진심을 들려줄까

You got me smoking cigarettes
Im in Stress baby
숨이 꽉 막혀 오잖아

가슴이 두근대
근데 널 떠올릴수록 baby
잠든 내 맘 깨워줘

네가 떠오르는 이 밤에
세상이 깜깜해질 때
떨리는 이 맘 전할래 Oh
네 곁에서 벗어날 수가 없어

어쩌다 이렇게 끌렸나
치명적인 향기 속 유혹
가빠진 Heartbeat
기묘한 이끌림 거부하기엔 강렬해

가끔씩은 그 흔한 말
Oh Blah Blah Blah
평범한 고백이 그 사랑의 속삭임이
살짝 부럽기도 한 나야

Ah 얼마나 더 기다려주길 바래
Ah 왜 너만 내 맘을 몰라

스트레스 (Stress)

You got me smoking cigarettes
Im in Stress baby
숨이 꽉 막혀 오잖아

가슴이 두근대
근데 널 떠올릴수록 baby
잠든 내 맘 깨워줘

네가 떠오르는 이 밤에
세상이 깜깜해질 때
떨리는 이 맘 전할래 Oh
네 곁에서 벗어날 수가 없어

깊어진 밤
네가 머물던 그 자리
깊게 스며든 잔향에

나도 모르게 네 이름 한번 속삭여
내 안에 짙게 베어버린 그림자
또 퍼져나가는 너란 끌림에 나
헤어날 수 없어 난

You got me smoking cigarettes
I' m in Stress baby
나 지금 미칠 것 같아

기분이 또 설레여 왜
널 채워갈수록 baby
점점 더 원하잖아

네가 떠오르는 이 밤에
세상이 모두 잠들 때
애타는 이 맘 전할래 Oh
네 곁에서 벗어날 수가 없어

You Better Not

작사 문설리 외 4명 | 앨범 INVU | 발매일 2022.02.14

Music Audio

늘 네가 원하는 것과
내 모습은 많은 것이 달랐었지
매번 전부를 줘도
그 이상을 바라왔던 너였는데

난 아마도 잠깐 두 눈이 먼 듯
네 침묵의 끝에 I saw your truth
뱉어버린 감정 담을 수 없어 Not again

Make me cry Make me smile
매일 밤 울고 웃었던 날 찾지 말아 줘
No, Never, Never

Get me high Get me low
상처도 잘난 사랑 중
그 일부였다면 네가 가져가

아픔이 겹겹이 쌓여
버터내기 힘들 만큼 커질 때쯤
끝이 난 Bad days 후련해
함께한 장면 속에
사랑을 가장한 거짓뿐이니

난 아마도 잠깐 두 눈이 먼 듯
네 침묵의 끝에 I saw your truth
뱉어버린 감정 담을 수 없어 Not again

Make me cry Make me smile
매일 밤 울고 웃었던 날 찾지 말아 줘
No, Never, Never

Get me high Get me low
상처도 잘난 사랑 중
그 일부였다면 네가 가져가

You Better Not

You Better Not x3
No 널 보낼게 늦어버린 후회는 말아 줘

You Better Not x3
No 다 잊을래 사랑했던 미소와 눈빛도

긴 시간이 가면 무뎌질 거야
몇 마디 말처럼 쉽진 않겠지
늦어버렸어 뒤돌아봐도
No, Never, Never

Make me cry Make me smile
매일 밤 울고 웃었던 날 찾지 말아 줘
No, Never, Never

Get me high Get me low
상처도 잘난 사랑 중
그 일부였다면 네가 가져가

You Better Not x3
No 널 보낼게 늦어버린 후회는 말아줘
No, Never, Never

You Better Not x3
No 다 잊을래 사랑했던 미소와 눈빛도

Heaven

작사 이오늘 외 6명 | 앨범 Heaven | 발매일 2024.07.08

Music Video

Heaven
내게 완벽한 Heaven

어둠 속의 빛 짙은 이끌림
마치 구원처럼 손을 뻗어와
돌아선 오늘이 다가올 내일이
불안한 내 마음을 뒤흔든 Tonight

Ah I'll believe it when I feel it
주저 없이 Falling into you
번져오는 감각들이 실현되는 Deja vu

너 없이 완벽한 Heaven
불어오는 마음의 Dimension, Oh
누구도 본 적 없는 네 상상보다 아찔한
Oh heaven x2

You'd better follow my way
솔직한 그대로 Good enough
Tonight I'll show you the way
to heaven

No matter what others say
더 많이 나를 망쳐도 돼
Tonight I'll show you the way
to heaven

Yeah 일렁이는 여기 By my side
어둠 속을 헤매며 느껴봐
No drama, no more karma
마주할 Paradise

나의 입술이 닿는 모든 곳에
위험한 감정이 살아날 거야

네가 없어 완벽한 Heaven
불어오는 마음의 Dimension, Oh
누구도 본 적 없는 네 상상보다 아찔한
Oh heaven x2

You'd better follow my way
솔직한 그대로 Good enough
Tonight I'll show you the way
to heaven

No matter what others say
더 많이 나를 망쳐도 돼
Tonight I'll show you the way
to heaven

Oh nah 걷잡을 수 없는 상상 위
All night long Oh heaven

Ending Credits

작사 지예원 외 4명 | 앨범 INVU | 발매일 2022.02.14

Music Audio

긴 여운 속에서 멍하니 난
스쳐 지나는 시간을 흘려보내
그 누구도 없는 이 극장 안에
난 계속 남아 자릴 지켰지

수없이 반복한 영화 속에
참 오래 웃고 또 울었었지
하지만 덤덤한 나를 보니
이제 완전히 다 끝인 것 같아

기나긴 엔딩에 가슴이 저릿해
흐린 불빛에 널 다시 추억해
난 믿었어 우리가 함께 할
Ending credits

Ending credits The credits
결국 너 없이 남겨진 내 이름
Ending credits

Ending credits The credits
깊은 어둠 속 새겨진 내 이름
Ending credits

막이 내린 뒤로 비친 네게
그 어떤 인사도 하지 못해
빛이 바랜 스틸 컷은 남겨둔 채
이제 영원히 널 보내주려 해

완벽한 엔딩에 텅 빈 듯 아련해
꺼진 조명에 마음을 비워내
난 믿었어 우리가 함께 할
Ending credits

Ending credits The credits
결국 너 없이 남겨진 내 이름
Ending credits

Ending credits The credits

온 맘 다해 사랑했던
지난 시간은 잊고 난 이제 떠나
내 이야길 다시 찾으러

넌 너의 자리에서 행복하기를 바라
우리 마침내 맞이한 끝처럼
Ending credits

Ending credits The credits
아주 긴 시간 함께한 우리의
Ending credits

Ending credits The credits
이제 새롭게 시작될 나만의
Ending credits

Chapter. 3

온전한 사랑에 닿기를

사랑의 여정은 우리를 수많은 갈림길로 이끕니다. 이별의 끝자락에 섰을 때 새로 움트는 시작을 발견하고, 흐트러진 마음을 정리할 때 스스로를 돌보는 방법을 배웁니다. 가장 보편적이고도 특별한 사랑, 그 흔적들을 따라가며 자신만의 온전함을 찾아가는 시간을 가져보세요.

Chapter. 3

Piano Cover

To.

I (Feat. 버벌진트) / 날개 (Feel So Fine) / Find Me / Something New / 불티 (Spark) / Letter To Myself / Hands On Me / To the moon / 내게 들려주고 싶은 말 (Dear Me) / Disaster / 그대라는 시 / Playlist / Do You Love Me? / Blue Eyes / Strangers / City Love / Sweet Love / Cover Up / Wine / 가까이 / 내일은 고백할게 / 들리나요... / All With You / Galaxy / When I Was Young / 너의 생일 (One Day) / 비밀 (Secret) / 품 (Heart) / Timeless / Gravity / U R / 너를 그리는 시간 (Drawing Our Moments) / Curtain Call

I (Feat. 버벌진트)

작사 태연 외 10명 | **앨범** I | **발매일** 2015.10.07

Music Video

빛을 쏟는 Sky
그 아래 선 아이 I
꿈꾸듯이 Fly
My Life is a Beauty

어디서 많이 들어본 이야기
미운 오리와 백조 또 날기 전의 나비
사람들은 몰라 너의 날개를 못 봐
네가 만난 세계라는 건 잔인할지도 몰라

But strong girl
you know you were born to fly
네가 흘린 눈물 네가 느낀 고통은 다
더 높이 날아오를 날을 위한
준비일 뿐 Butterfly
Everybody's gonna see it soon

빛을 쏟는 Sky
그 아래 선 아이 I
꿈꾸듯이 Fly
My Life is a Beauty

잊었던 꿈 내 맘 또 그려내
움츠렸던 시간 모두 모아 다 삼켜내
작은 기억 하나둘씩 날 깨워가
세상 가득 채울 만큼 나를 펼쳐가

길고 긴 밤을 지나
다시 Trip 길을 떠나볼래
Why not 이 세상에
내 맘을 깨워 주는 한마디

I (Feat. 버벌진트)

혼자였던 Yesterday
셀 수 없는 시선에
떨어지는 눈물로 하루를 또 견디고

아슬했던 Yesterday
쏟아지던 말들에
흔들리는 나를 또 감싸고

빛을 쏟는 Sky
그 아래 선 아이 I
꿈꾸듯이 Fly
My Life is a Beauty x2

꽃잎은 저물고
힘겨웠던 난 작은 빛을 따라서
아득했던 날 저 멀리 보내고
찬란하게 날아가

빛을 쏟는 Sky
새로워진 Eyes x2
저 멀리로 Fly
Fly High Fly High
난 나만의 Beauty

눈 감은 순간 시간은 멈춰가
난 다시 떠올라

날개 (Feel So Fine)

작사 문혜민 외 6명 | **앨범** My Voice | **발매일** 2017.02.28

Music Audio

어둠 속에 파고든 내 안에
날 가두던 시간은 이미 지나고
It fades away

하염없이 떠돌다
낯선 벽에 부딪혀 버린
Oh 이제 난 어디로
Please hold my hand

하나둘씩 열어
감춰왔던 나를 깨워
잊으려 했던 결국엔
늘 잊을 수 없었던 꿈들

한 번도 제대로
날지 못한 내 두 날개
새롭게 펼쳐봐
또 날아봐 이제

그려만 왔던 지금 내 모습
아직 난 믿기지 않아
쏟아지는 햇살 스치는 바람
Just realize I feel so fine

Oh oh 나의 날개 위
Oh oh 찬란히 새긴
I know you know
매일 꿈꾸던 World
I feel so fine

Oh oh 하늘 끝까지
Oh oh 가득 펼쳐진
I know you know
환히 빛나는 World
I feel so fine

날개 (Feel So Fine)

말없이 앉아 방황했던 길에서
마주했던 밤도 전부 괜찮아
이젠 모두 다 I don't care

혼자라는 편안함 속
피어오른 외로움도
이제는 다 I can let it go baby

지구 반대편 어딘가
내게 외쳐온 메아리 Oh
네 눈앞에 펼쳐질
저 벽 너머의 세상을 찾아

둘러싼 현실 그보다
먼저 넘어설 나란 벽 Oh
계속해서 지켜가
내 자신이 할 수 있다 믿어

그려만 왔던 지금 내 모습
아직 난 믿기지 않아
쏟아지는 햇살 스치는 바람
Just realize I feel so fine

Oh oh 나의 날개 위
Oh oh 찬란히 새긴
I know you know
매일 꿈꾸던 World
I feel so fine

Oh oh 하늘 끝까지
Oh oh 가득 펼쳐진
I know you know
환히 빛나는 World
I feel so fine

Oh yeah I feel so fine x2
Oh yeah Ooh oh yeah
Oh yeah Oh

내 안의 나를 넘어선 순간
새로운 세상이 보여
쏟아지는 햇살 스치는 바람
Just realize I feel so fine

Oh oh 나의 날개 위
Oh oh 찬란히 새긴
I know you know
매일 꿈꾸던 World
I feel so fine

Oh oh 하늘 끝까지
Oh oh 가득 펼쳐진
I know you know 환히
빛나는 World
I feel so fine

Find Me

작사 문혜민 외 3명 | 앨범 Purpose | 발매일 2019.10.28

Music Audio

I don't care 닿을 수 없대도
이 바람결에 날 맡기며
자유로운 새들처럼
저 쏟아진 빛을 향해 내디뎌

문득 눈앞에 뜨는 Vision
금빛 찬란한 My destination
머금었던 숨을 크게 내쉬어
굳게 닫힌 창을 열고서

I will be okay
I will find the way
더 이상 추락 따윈 나에겐 의미 없어

I will be okay
보이진 않아도 분명
날갯짓이 파동들을 만들어내

Don't stop flying 하늘을 높이
하늘을 높이 Until you find me
Don't stop running 태양 끝까지
태양 끝까지 Until you find me

날 믿어 날개를 펴
So don't stop flying 하늘을 높이
하늘을 높이 Until you find me

어둠 속 잠기던 날 이끈 맘
작은 틈새 스며든 온기 Yeah
수 갈래 빛 갈라진 밤
어떤 슬픈 꿈이 나를 그리 울렸던 걸까

I will be okay
I will find the way
내 맘속 불꽃처럼 타오른 소원이여

I will be okay
높푸른 하늘의 끝에
손을 뻗어 조금만 더 가깝도록

Find Me

Don' t stop flying 하늘을 높이
하늘을 높이 Until you find me
Don' t stop running 태양 끝까지
태양 끝까지 Until you find me

날 믿어 날개를 펴
So don' t stop flying 하늘을 높이
하늘을 높이 Until you find me

수평선 너머 구름들마저
감싸 안아줘 나를 도와줘
I' m gonna make it

한계를 넘어 쓰러진 대도
멈추지 않고 용기를 내서 더
Until you find me

Don' t stop flying 하늘을 높이
하늘을 높이 Until you find me
Don' t stop running 태양 끝까지
태양 끝까지 Until you find me

날 믿어 날개를 펴
So don' t stop flying 하늘을 높이
하늘을 높이 Until you find me

Something New

작사 지유리 외 3명 | 앨범 Something New | 발매일 2018.06.18

Music Video

도시 위의 소음 넘쳐나는 Trouble
여유 없는 걸음 이건 마치
정글 멍하니 또 한숨이

눈뜨면 습관처럼 또 새로운 뭔가를 찾는 꼴
넘치면 넘칠수록 독인 줄도 모르고

틀에 박혀 버린 듯 비슷비슷해진 꿈
진짜 깊은 마음속 소린 외면한 채로

모두 정신없이 찾고 있지
Something New

Na Na Na Na Na
Na Na Na Na Na Na
Something New

Na Na Na Na Na
Na Na Na Na Na Na
I don't care 난 나답게 더

Na Na Na Na Na
Na Na Na Na Na Na
Something new

Na Na Na Na Na
Na Na Na Na Na Na
We don't care 넌 너답게 더

그 자체로 특별해
좀 다르대도 뭐 어때
애써 누군가를 위해 변하지 않아도 돼

예쁜 그림 그리듯 스케치해 All you do
좋아하는 색으로 세상을 다 물들여

대체 어디까지 찾길 바라
Something New

Na Na Na Na Na
Na Na Na Na Na Na
Something New

Na Na Na Na Na
Na Na Na Na Na Na
I don't care 난 나답게 더

Na Na Na Na Na
Na Na Na Na Na Na
Something New

Na Na Na Na Na
Na Na Na Na Na Na
We don't care
And now the breakdown

Something New

있는 그대로 그대로 느껴 널 Uh
난 이대로 이 모든 게 좋은 걸
마음속 깊은 곳을
두드리면 펼쳐질 New world

Na Na Na Na Na
Na Na Na Na Na Na
Something New

Na Na Na Na Na
Na Na Na Na Na Na
I don't care 난 나답게 더

Na Na Na Na Na
Na Na Na Na Na Na
Something new

Na Na Na Na Na
Na Na Na Na Na Na
We don't care 넌 너답게 더

Na Na Na Na Na
Na Na Na Na Na Na
Something New

Na Na Na Na Na
Na Na Na Na Na Na
I don't care 난 나답게 더

Na Na Na Na Na
Na Na Na Na Na Na
Something new

Na Na Na Na Na
Na Na Na Na Na Na
We don't care 넌 너답게 더

붉티 (Spark)

작사 KENZIE 외 2명 | **앨범** Purpose | **발매일** 2019.10.28

Music Video

불어 후후 빨간 불티야
내 마음도 너 같아
타오를 듯 위험한

살포시 널 눌러
덮으려 해봐도
꺼지지 않는 너를
어떻게 해야 하나

여릴 줄만 알았던
그 작은 온기 속
뭐를 감추고 있었니

내 안에 내가 많아
온 밤이 소란한데
혹시 내 말을 들었니
이제 타이밍이야
눈 뜰 새벽이야
불티를 깨워

더 타올라라 후 후후후
꺼지지 않게 붉디붉은 채

더 크게 번져 후 후후
지금 가장 뜨거운
내 안의 작고 작은

불티야 불티야
꺼지지 말고 피어나
불티야 불티야
새벽을 훨훨 날아가

새 불티야 불티야
춤추듯 온몸을 살라
새 불티야 불티야
꺼지지 말고 피어나

이 까만 어둠을
동그라니 밝혀
내 앞을 비추는 너
어디든 갈 수 있어

세찬 바람을 타고
떠올라 내려 보면
우린 이 별의 여행자

어제 길 위의 넌
꿈만 꾸고 있었지
작은 새처럼 x2
이제 타이밍이야
너의 시간이야
숨을 불어넣어
불티를 깨워

불티 (Spark)

타올라라 후 후후후
꺼지지 않게 붉디붉은 채

더 크게 번져 후 후후
지금 가장 뜨거운
내 안의 작고 작은

불티야 불티야
꺼지지 말고 피어나
불티야 불티야
새벽을 훨훨 날아가

새 불티야 불티야
춤추듯 온몸을 살라
새 불티야 불티야
꺼지지 말고 피어나

오랜 기다림
너의 시간을 믿어
나를 닮은 너
불티를 깨워

더 타올라라 후 후후후
꺼지지 않게 붉디붉은 채

더 크게 번져 후 후후
지금 가장 뜨거운

더 타올라라 후 후후후
꺼지지 않게 붉디붉은 채

더 크게 번져 후 후후
지금 가장 뜨거운

내 안의 작고 작은 불티야

Letter To Myself

작사 하윤아 외 5명 | **앨범** Letter To Myself | **발매일** 2024.11.18

Music Video

I wrote a letter to myself
서툴게도 써내리는 맘속 더 깊이 눌러왔던 말
그 어떤 말보다 널 잃지 않았으면 해

길 잃은 채 헤매던 매일
그늘진 마음 그 끝에
여전히 변치 않은 내가 있었어

I could be good I could be bad
어렵고 어리던 내게
그 아픔 위로 다시 널 위로하고 싶어

끌어안은 상처 따윈
It's only hurting you

I wrote a letter to myself
서툴게도 써내리는 맘속 더 깊이 눌러왔던 말
다 쏟아낸 순간 선명해 Voices in my head

My head x4
내가 날 울리던 모든 밤
기억을 다르게 채워 가

Letter To Myself

삼켜왔던 단어들로 솔직한 이야기를 적어
이제야 말하는 날 미워하지 마

멍든 마음과 흉터마저 어설픈 대로 내뱉어
더 이상 내게 숨길 필요 없잖아

어색한 표현 따윈 버려
I'm done being used

I wrote a letter to myself
서툴게도 써내리는 맘속 더 깊이 눌러왔던 말
그 어떤 말보다 널 잃지 않았으면 해

I wrote a letter to myself
또 잊었던 내 모습이 보여
꼭 숨어있던 날 만나 제대로 마주 봐
들려와 Voices in my head

My head x4
내가 날 울리던 모든 밤
기억을 다르게 채워 가 Oh uh

My head, x4
오롯이 내가 들리는 밤
다시는 놓치지 않아 날 Oh uh

선명해 Voices in my head
마음껏 외쳐 날 Oh
선명해 Voices in my head

Hands on Me

작사 Yorkie 외 6명 | **앨범** Why | **발매일** 2016.06.28

Music Audio

Put your hands on me
Come on Put your hands hands
Put your hands on me
Come on Put your hands

Hands on me
Put your hands on me

하나둘씩 불이 꺼지면 홀로 남아
잠들지 못한 촛불과 함께 Yeah
유난히 눈부신 아침 햇살이 난 부담스러워
분주하게 걷는 사람들 틈 속
어울리지 않는 걸 알아

다른 시선 속에도
그저 길을 잃어버린 어른 아이
그런 눈빛 사이로 내게 전해 온 sign
점점 가까이 내게로

때로는 숨김없이
아주 작은 맘 조각까지 열고
Hands on me
Put your hands on me yeah

그 아픔만큼 강해진
맘속 깊은 곳까지 닿게
Put your hands on me
Put your hands on me yeah

가끔 지쳐 숨이 찰 때면 Yeah
멈춰서 그 자리에 앉아
하늘을 또 바라봐 Yeah

Listen 우린 다 달라 같을 수 없잖아
똑같은 룰 속 열 맞춘다면
의미가 없지 재미도 없지
정답은 꼭 하나뿐이 아냐

다른 시선 속에도
그저 길을 잃어버린 어른 아이
그런 눈빛 사이로 내게 전해온 sign
점점 더 빨리 내게로

때로는 숨김없이
아주 작은 맘 조각까지 열고
Hands on me
Put your hands on me yeah

Hands on Me

그 아픔만큼 강해진
맘속 깊은 곳까지 닿게
Put your hands on me x2 yeah

Put your hands on me
따스한 손길

오랜 소원들 모두
가장 밝게 빛을 내는 이 순간
아직 꿈을 꾼 내게 그새 다가온 sign
너의 그 sign 점점 가까이 내게로

때로는 꼭 그렇게 미솔 담은
눈으로 내게 말해
Put your hands on me x2

내 마음속에 그렸던 꿈에
환하게 더 웃을 거야
Put your hands on me x2

Put your hands on me
Come on Put your hands hands
Put your hands on me
Come on Put your hands

Hands on me
Put your hands on me yeah

To the moon

작사 태연 외 2명 | **앨범** What Do I Call You | **발매일** 2020.12.15

Music Audio

하고픈 말이 없어 멍하니
생각이 멈춰 고장 난 듯이
무기력해 두 발이 무거워
가자 어디든 저 문을 열고서

어제 같은 오늘 내일은
반복되는 한숨처럼
Round and round
난 지루해 나를 꺼내줄래

Throw away 생각은
Throw away 사라져라
어디라도 난 좋아 날 데려가 줘

Drive into the moon x2
구름 위로 Woo
Drive into the moon

펄럭이는 귀 삐진 입꼬리
너와 함께라면 새로워 다
꺼내줄게 아니 날 꺼내줄래 원해

Fly away 안녕히
Fly away 손 흔들어
말이 더 필요하니
어서 날 데려가

Drive into the moon x2
구름 위로 Woo
Drive into the moon

기분이 바닥에 끌리는 날엔
내 맘이 내 맘 같지 않은 날엔
고갤 들어 하늘을 바라봐
두 눈을 감고 단잠 속으로

Dive into the moon x2
This song is for you x2

Dive into the moon x2
This song is for you x2

내게 들려주고 싶은 말 (Dear Me)

작사 황유라 외 2명 | 앨범 Purpose | 발매일 2020.01.15

Music Video

날 놓아줘 숨 쉴 수 있게
이 스쳐 가는 풍경 속에 자유롭게

노래하듯 나에게도 들려주고 싶은 그 말
I love myself I trust myself
내겐 없었던 그 말

날 가둬줘 깊은 이 밤에
잠들지 않을 외로움만 남겨둔 채

노래하듯 나에게도 들려주고 싶은 그 말
I love myself I trust myself
내겐 없었던

길었던 어둠을 견딘 나를 봐
또다시 밤이 와도 숨지 않아
내 곁엔 내가 있어

밝아올 하늘 그 위로
퍼져가는 빛이 되어 난 날아가

언젠가는 나에게도 들려줄 수만 있다면
I love myself I trust myself
기억해 줄래

I trust myself 기억해 줘
I love myself I trust myself
나를 안아줄 그 말

Disaster

작사 bay 외 4명 | 앨범 Letter To Myself | 발매일 2024.11.18

Music Audio

가끔 아파하는 너를 볼 때마다
깊은 사랑을 느껴 왜
서롤 헤집고 다시 찾아 또

분명 상처뿐일 뻔한 결론
Got me paranoid 해가 된다 해도
놓기 싫은 걸 미쳤다 해도 Fun

꼭 위태롭게 난간 위를 걷는 듯
뜨겁게 밀고 끌어당겨 우리 둘
기꺼이 난 추락한대도 좋아 Run

어쩜 우린 Disaster
더 깊이 품 안에 안겨 Whoa whoa

깊게 서로를 헤쳐 Jump now
멈출 수 없어 Whoa whoa
It's a perfect disaster

괜히 버릇처럼 되묻는 네 진심
가시 돋친 내 입술에
전부를 줘도 왜 네가 부족해 Oh no

또 모래처럼 부서지는 하나둘
결말은 절망뿐이란 걸 알아도
휩쓸려 난 아프다 해도 좋아 Run

어쩜 우린 Disaster
더 깊이 품 안에 안겨 Whoa whoa

깊게 서로를 헤쳐 Jump now
멈출 수 없어 Whoa whoa

Whoa whoa
Oh It's a perfect disaster

꿈에 그려본 장면
기꺼이 온몸을 던져 Whoa whoa

끝내 날 잃는다 해도
좋아 우린 이대로 Whoa whoa
Oh It's a perfect disaster

Oh It's a perfect disaster
더 찬란하게 부서져

It's a perfect disaster x3

그대라는 시

작사 지훈 외 1명 | **앨범** 호텔 델루나 OST Part.3 | **발매일** 2019.07.21

Music Audio

언제부터인지 그대를 보면
운명이라고 느꼈던 걸까

밤하늘의 별이 빛난 것처럼
오랫동안 내 곁에 있어요

그대라는 시가 난 떠오를 때마다
외워두고 싶어 그댈 기억할 수 있게

슬픈 밤이 오면 내가 그대를 지켜줄게
내 마음 들려오나요 잊지 말아요

지나가는 계절 속에 내 마음은
변하지 않는단 걸 아나요

그저 바라보는 눈빛 그 하나로
세상을 다 가진 것 같은데

그대라는 시가 난 떠오를 때마다
외워두고 싶어 그댈 기억할 수 있게

슬픈 밤이 오면 내가 그대를 지켜줄게
내 마음 들려오나요 잊지 말아요

꽃이 피고 지는 날이 와도
이것 하나만 기억해 줘요
그댈 향한 마음을

언젠가는 우리 멀어질지 몰라도
나는 그대라면 기다릴 수 있을 텐데

시간이 흘러도 내가 이곳에 서 있을게
그대 망설이지 말아요 그때가 오면

Playlist

작사 1월 8일 외 5명 | **앨범** What Do I Call You | **발매일** 2020.12.15

Music Audio

Listen to my favorite song

같이 듣고 싶어서

널 생각하며 담았어

우리 둘의 이야기

익숙함에 수줍어

네게 하지 못한 말

노랫말에 가득 담아

너에게 전부 들려주고파

Play this song for me

내 맘이 들리니

우릴 닮은 멜로디

가만, 귓가에 울리지

너도 느끼니

그때의 그날의 feeling

Oh I love, Oh I love,

Oh I love the way we flow

La da da la da di

Oh I love, Oh I love,

Oh I love the way we flow

x2

나의 모든 계절과

너의 모든 순간이

노래에 담겨 그대로 남아

바람처럼 포근히 불어와

깨지 않을 꿈이 되어 with you

변치 않을 노랠 불러 주고파

Play this song for me

내 맘이 들리니

우릴 닮은 멜로디

가만, 귓가에 울리지

너도 느끼니

그때의 그날의 feeling

Oh I love, Oh I love,

Oh I love the way we flow

La da da la da di

Oh I love, Oh I love,

Oh I love the way we flow

x2

Do You Love Me?

작사 이주형 | 앨범 Purpose | 발매일 2019.10.28

Music Audio

여길 봐요 나 홀로 그대만 본 지 오래
아무도 내 맘 몰라요 말한 적도 없죠 이런 날

오늘만을 위해 몰래 숨겨왔어 이 노래
요즘 어때요 자꾸 또 다른 얘기만 하게 돼요

내 맘속 사실 Do you love me
바랬던 단 하나 You love me

알아요 너무 흔한 그 말 세상 뻔한
그래도 듣게 되면 나 녹아버릴 그 말
날 녹여버릴 그 말 Do you

들어봐요 가만히 그댈 향한 이 노래
혹시 나 어때요 자꾸 또 입안에서만 맴도네요

내 맘속 사실 Do you love me
바랬던 단 하나 You love me
알아요 너무 흔한 그 말 세상 뻔한
그래도 듣게 되면 나 녹아버릴

내게 묻은 그대 향기
누가 눈치채기 전에

I wanna know if you love me
말해봐요 Do you love me

길었던 기다림 You love me
가슴속 소원 하나 Love me

아나요 가장 아름답고 황홀한 말
오늘 밤 듣게 되면 다 녹아내릴 그 말

Blue Eyes

작사 한로로 외 3명 | **앨범** Letter To Myself | **발매일** 2024.11.18

Music Audio

모르는 사이 품에 안긴 너라는 아이 Yeah
You dive into my everything
간지러운 Heartbeat
너도 느끼니 두근대는 맘 Yeah
Dive into my everything

이미 이미 난 알았어
묘한 빛을 내는 너의 눈동자
그러다 깊이 빠져들어 헤엄쳐 왔어
온종일 몰아치는 파도 너라는 파동

빼곡한 내 맘에 스며든 네 숱한 감정에 잠겨
발이 뜬 채 자연스레 나의 모든 걸 맡겨

모르는 사이 품에 안긴 너라는 아이 Yeah
You dive into my everything
간지러운 Heartbeat
너도 느끼니 두근대는 맘 Yeah
Dive into my everything

번지는 Light 몸을 던진 나만의 Sky yeah
You dive into my everything
반짝이는 Blue eyes 나를 당기지
깊어지는 밤 Yeah
Dive into my everything

올라갈래 머나먼 너의 꿈까지
On a dream
비밀스러운 발걸음 아무도 모르지
끝없는 미로 갇힌다 해도
네 곁이라면 난 좋은 걸

Blue Eyes

푸른빛 세상에 녹아든 내 손을 네게로 뻗어
Take my hands now
우린 꿈의 바다가 돼 서롤 채우고 있어

모르는 사이 품에 안긴 너라는 아이 Yeah
You dive into my everything
간지러운 Heartbeat
너도 느끼니 두근대는 맘 Yeah
Dive into my everything

번지는 Light 몸을 던진 나만의 Sky yeah
You dive into my everything
반짝이는 Blue eyes 나를 당기지
깊어지는 밤 Yeah
Dive into my everything

Uh Diving x3
Dive into my everything

찾아온 내일에 넌 당연해 도망칠 맘은 없어
우린 밤새 어지럽게 얽힌 서로를 불러

Uh Diving x3
Dive into my everything
x2

Strangers

작사 하윤아 외 3명 | 앨범 Letter To Myself | 발매일 2024.11.18

Music Audio

어딘가 좀 낯선 도시 노을빛 바랜 골목길
무관심한 시선 사이 묘한 감정이 불지

다른 풍경에 가벼이 그저 몸을 실어
홀로 선 내 그림잔 희미해져

스친 바람처럼 유유히 발을 옮겨
낯선 거리 사이로 From strangers
to shadows to strangers again

알지 못해 누구도 지나친 순간 헤어져
변해가는 장면 속 From strangers
to shadows to strangers again

얼굴도 이름도 지워둔 차창 너머의 나
멈춰 선 걸음 바라본 이 순간 난 이대로

무수히 마주친 소리 없는 기억
멀어지는 얘기에 귀를 기울여

스친 바람처럼 유유히 발을 옮겨
낯선 거리 사이로 From strangers
to shadows to strangers again

알지 못해 누구도 지나친 순간 헤어져
변해가는 장면 속 From strangers
to shadows to strangers again

Ah, Strangers
Oh 또 새로운 노래가 들려
Ah, Strangers
Yeah 사라질 흔적을 새겨

스친 사람들 속 잠시 눈빛들이 섞여
가벼워진 맘인걸 From strangers
to shadows to strangers again

편히 숨을 내쉬어 아쉬운 맘을 비우고 Yeah
다시 흘러가는 걸 Yeah From strangers
to shadows to strangers again

Ooh oh From strangers
to shadows to strangers, Ooh

City Love

작사 지유리 외 4명 | 앨범 Purpose | 발매일 2019.10.28

Music Audio

비 오는 밤거리
한 우산 아래 둘이 걸어가
Umm 걸어가

달라 Something special
늘 걷던 길 눈부셔 빛이나
왠지 빛이나

도시를 수놓은 별빛 같은 빛들
It feels so right
아름다워 아른거려

널 만나기 전엔
알 수 없던 것들
이젠 특별해져 매일

City love 거리 곳곳에
City love 사랑이 숨 쉬어
City love 난 매일 감사해
City love 너를 보내준 The city
Ooo Ooo City love City love

달빛 아래 Kisses
가로등도 마침 잠든 밤
설레 난 이 순간

어렴풋이 들린
노랫소리를 따라가 볼까
Umm 기분 좋아 I love it

널 만나기 전엔
의미 없던 것들
내겐 새로워져 매일

City love 거리 곳곳에
City love 사랑이 숨 쉬어
City love 난 매일 감사해
City love 너를 보내준 The city
Ooo Ooo City love City love

사막 같던 곳에서
내가 찾은 오아시스 너

Umm Everyday you make me
beautiful 함께 꿈을 꿔 Always Oh

City love 마음 곳곳에
City love 네가 숨을 쉬어
City love 영원히 기억해
City love 우리가 만난 The city
Ooo Ooo City love City love x2

Sweet Love

작사 KENZIE 외 5명 | 앨범 My Voice | 발매일 2017.02.28

Music Audio

Oh Oh boy you know it
I know you wanna
fall in love with me

Crying for love
흘린 눈물만큼
깊어질 수 있다면 우린

푸른 바닷속을 헤매어
서로의 불빛이 돼 주며
따스히 안은 채 떠다니겠지
I'm in love

I'll take you high
take you higher
So we can fly
so we can flyer
너 없이 혼자 지낸 날들
기억조차 나지 않는데 Babe

Higher 간절히 서로가 서롤 당겼지
사랑이란 게 뭔지 매일 난 배워가
이 달콤함에 취했어
Give me your Sweet

Sweet Love
Lovin so Sweet
Sweet Love

Sweet Love

밤에 잠들 때마다 네가 필요해
혼자 있는 날의 시간은 더딘데
그래 내게 온 변화를 거부 안 해
Mmm yea I know it

네 품에 안길 때마다
네 숨소리 내게 감겨올 때마다
I' m in love

Baby I' ll take you high
take you higher
So we can fly
so we can flyer
너 없이 혼자 지낸 날들
기억조차 나지 않는데 Babe

Higher 간절히 서로가 서롤 당겼지
사랑이란 게 뭔지 매일 난 배워가
이 달콤함에 취했어
Give me your

I I realize I need your love
긴 날 동안 Yes I do

I' ll take you high
take you higher
So we can fly
so we can flyer
너 없이 혼자 지낸 날들
기억조차 나지 않는데 Babe

Higher 간절히 서로가 서롤 당겼지
사랑이란 게 뭔지 매일 난 배워가
이 달콤함에 취했어
Give me your Sweet

Sweet Love
Lovin so Sweet
Sweet Love

Cover Up

작사 Realmeee 외 2명 | 앨범 My Voice | 발매일 2017.02.28

Music Audio

오늘도 별처럼 네 마음을 따라
또 너의 곁을 맴돌지
Stop 난 어지러워
선명한 네 맘을 이젠 알고 싶어져

밤하늘에도 거리에도
전부 너의 모습이 가득한 걸
좀 더 시간이 필요하다면
또 널 기다리겠지만

Boy I can't cover up my heart
널 보면 난 웃음이 새어 나와
아무도 몰래 내게 스며들어
조금씩 커져 가는 맘
Boy I can't cover up

Can't cover it up
can't can't cover it up no
Can't cover it up
no I just can't cover it up come on

Can't cover it up
can't can't cover it up no
커져 가는 맘
Boy I can't cover up

난 조심스럽게 네 색깔을 입고
또 네 옆에 자릴 잡지
내 맘과 같은지 얼마만큼 인지
말을 해줘 Yes or no

밤하늘에도 거리에도
전부 너의 모습이 가득한 걸
좀 더 시간이 필요하다면
또 널 기다리겠지만

Boy I can't cover up my heart
널 보면 난 웃음이 새어 나와
아무도 몰래 내게 스며들어
조금씩 커져 가는 맘
Boy I can't cover up

Yeah in my heart
언젠가 나의 곁에 와 줄 너와
달콤한 꿈을 꾸는 상상을 해
I want you 커져 가는 맘
Boy I can't cover up

Cover Up

I said it I said it
I love you love you
I mean it I mean it
I love you love you

말하는 이 순간 후회한대도
너를 향한 진심인 걸

Boy I can't cover up my heart
널 보면 난 웃음이 새어 나와
아무도 몰래 내게 스며들어
조금씩 커져 가는 맘
Boy I can't cover up

Yeah in my heart
언젠가 나의 곁에 와 줄 너와
달콤한 꿈을 꾸는 상상을 해
I want you 커져 가는 맘
Boy I can't cover up

Can't cover it up
can't cover it up no
I love you love you
Can't cover it up
can't cover it up no more
I love you love you

Can't cover it up
can't cover it up
커져 가는 맘
Boy I can't cover up

Wine

작사 조윤경 외 4명 | **앨범** Purpose | **발매일** 2019.10.28

Music Audio

긴 시간이 쌓여 깊어져 가듯이
서로에 번져 견뎌 온
Wind and rain

쉼 없이 설렌
시작은 너무도 스쳐지나
더 아쉬울 뿐인 걸

익어 갈수록 더 투명한
순간에 닿은 빛 보여 줄래

취할 듯한 짙은 향기로
숨 막히게 More beautiful

수많은 밤 좀 더 깊어진 눈빛과
시간을 더해 온 너와 나
My vintage love x2

오래될수록 감미로워지는 법
너에게서 늘 배워가는 나인 걸

아득하게 넌 더 퍼져 가
강렬한 이 느낌 잊지 않게

취할 듯한 짙은 향기로
숨 막히게 More beautiful

수많은 밤 좀 더 깊어진 눈빛과
시간을 더해 온 너와 나
My vintage love x2

음미하는 기억마다
내게 널 비춘
수많은 시간 앞에 Forever

소리 없이 더 깊어져 간
날 담은 네 눈빛 간직할래

취할 듯한 맘을 맡기고
바라볼 때 So beautiful

오랜 시간보다 선명한 빛깔과
향기로 깊어진 너와 나
My vintage love x2

Is beautiful
My vintage love x2

가까이

작사 김정배 | **앨범** 아름다운 그대에게 OST '가까이' | **발매일** 2012.09.05

Music Video

하지 못한 말이 너무 많아요
한 번도 당신은 듣지 못했지만

내 앞에 보여진 누군갈 아무나
사랑할 그런 사람은 아니에요

세상의 그 많은 사람들 속에
내겐 오직 그대가 보여졌기에

그대만 보며 서있는 걸요
이 사랑 후엔 난 잘 모르겠어요

아주 어린 아이가 항상 그러하듯이
지금 이 순간 따스히 안아줄래요

언젠간 낯선 이름이 되어도
내 가슴이 그 추억이 다 기억할 테니까

혹시라도 아픈 이별이 온대도
오늘은 그런 생각은 하지 마요

이 세상 그 많은 사람들 속에
내겐 오직 그대가 보여졌기에

그대만 보며 서있는 걸요
이 사랑 후엔 난 잘 모르겠어요

아주 어린아이가 항상 그러하듯이
더 가까이 더 따스히 안아줄래요

이제 난 혼자가 아닌 거죠
그 자리에서 오늘 나에게 온 그대만이

그대만 나의 전부인 걸요
이 사랑 후엔 난 잘 모르겠어요

아주 어린아이가 항상 그러하듯이
더 가까이 더 따스히 안아줄래요 x2

내일은 고백할게

작사 지훈 외 3명 | **앨범** 브람스를 좋아하세요? OST Part.5 | **발매일** 2020.09.15

Music Audio

음 think about you,
you are everything
i wanna stay 늘 네 곁에

투명한 널 바라보네
나의 입술이 너를 또 불러보는 걸

내 맘을 숨겨도 다 알 것 같아서
두 눈을 본다면 느낄 것 같아서

한걸음 뒤에서
바보처럼 난 서성이지만

i will be on your side
널 바라보면 볼수록 우우우

솔직하게 말을 해줘
너도 나와 같다면 말이야
내 곁에 다가와 줘

when i need you,
just close my eyes
but you don`t know 내 진심을

너의 이름을 부르면 올 것만 같아서
혼잣말로 불러보는 걸

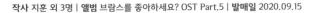

내일은 고백할게

i will be on your side
널 바라보면 볼수록 우우우

솔직하게 말을 해줘
너도 나와 같다면 말이야
내 곁에 와줘

생각하면 할수록
기억하면 할수록
나는 알아 사랑이란 걸 말야

우 잠시 눈을 감아도
보고 싶어지는 너야
같이 있고 싶어져

너의 맘을 알고 싶어 우우우

처음 만났을 때부터
지금까지 난 그대로인데
넌 모르지만

always by your side
네 곁에 내가 있고 싶은데

아직 용기가 잘 안 나
한 걸음씩 네 곁에 가볼게
내일은 고백할게

들리나요...

작사 임보경 | **앨범** 베토벤 바이러스 OST | **발매일** 2008.09.17

Music Audio

조금만 아파도 눈물나요
가슴이 소리쳐요
그대 앞을 그대 곁을 지나면

온통 세상이 그대인데
그대만 그리는데
그대 앞에선 숨을 죽여요

내게 그대가 인연이 아닌 것처럼
그저 스치는 순간인 것처럼

쉽게 날 지나치는 그대 곁에
또 다가가 한 걸음조차
채 뗄 수 없을지라도

서성이게 해 눈물짓게 해
바보처럼 아이처럼
차라리 그냥 웃어버려

점점 다가 설수록 자꾸 겁이 나지만
이 사랑은 멈출 수가 없나봐

왜 내 사랑만 더딘거죠
내 사랑만 힘들죠
그대 앞에 그대 곁에 있어도

온통 세상이 그대인데
그대만 보이는데
그대 앞에선 난 먼 곳만 봐요

내게 그대가 꼭 마지막 인 것처럼
내게 마지막 순간인 것처럼

쉽게 날 지나치는 그대 곁에
또 다가가 한걸음 조차
채 뗄 수 없을지라도

서성이게 해 눈물짓게 해
바보처럼 아이처럼
차라리 그냥 웃어버려

점점 다가 설수록 자꾸 겁이 나지만
이 사랑은 멈출 수가 없나봐

먼 발치서 나 잠시라도
그대 바라볼 수 있어도
그게 사랑이죠

혹시 이 기다림이 이 그리움이
닿을 때면 들릴 때면
차라리 모른 척 해줘요

그대에게 갈수록
자꾸 겁이 나지만
이 사랑은 멈출 수가 없네요

All With You

작사 지훈 외 1명 | **앨범** 달의 연인 - 보보경심 려 OST | **발매일** 2016.09.13

Music Audio

내가 그대 곁에 있어서 행복합니다
내가 그대 곁에 있어서 꿈을 꿉니다
내가 그대 곁에 있어서 웃을 수 있습니다
내 사람이길 또 기도합니다

내 맘이 보여서 내 진심이 느껴진다면
내 맘이 보여서 내게 오는 길 찾는다면
나의 모든 마음 주고 싶어
나의 곁에 그대 영원토록 있는다면

All With You

그대 나의 곁에 있어서 고맙습니다
그대 나의 곁에 있어서 따뜻합니다
그대 나의 곁에 있어서 다시 힘을 냅니다
바라만봐도 눈물이 납니다

내 맘이 보여서 내 진심이 느껴진다면
내 맘이 보여서 내게 오는 길 찾는다면
나의 모든 마음 주고 싶어
나의 곁에 그대 영원토록 있는다면

세상에 지쳐가도 우리 서로 곁에
항상 옆에 잡은 그 손 놓지마

마지막 사랑을 그댈 위해 쓰고 싶은데
마지막 운명이 그대라면 행복할텐데
나의 모든 마음 주고 싶어
나의 곁에 그대 영원토록 있는다면
All With You x2

Galaxy

작사 Zaya 외 4명 | 앨범 What Do I Call You | 발매일 2020.12.15

Music Audio

여긴 작은 외딴 섬
주윌 살펴도 끝이 없는 긴 밤에
길을 잃어 또다시

몸을 웅크린
내게 닿은 발소리
익숙한 그 온기로
날 깨워 깨워 깨워

같은 자리에
매일 같이 기다리던 내 세상에

너의 따뜻한 목소리로
이젠 좋은 꿈을 꾸라고
I don't wanna fall asleep without you

유일한 galaxy 날 안아주는 빛
어둠이 걷힌 뒤 네가 보여 보여 보여

한 걸음씩 가까워진 온기
네 안에 펼쳐진
나의 작은 작은 작은 우주 Like you

뒤돌아선 채 내게 따라오라 손짓해
답을 일러주듯이 수놓아진 별빛이

외로웠던 나의 어제가
바탕이 돼 눈부신 밤
이젠 두렵지가 않아 난 너로 가득해

오래 내가 찾아 헤맨 곳
편히 여기 쉬어 가라고
I don't wanna fall asleep without you

Galaxy

유일한 galaxy 날 안아주는 빛
어둠이 걷힌 뒤 네가 보여 보여 보여

한 걸음씩 가까워진 온기
네 안에 펼쳐진
나의 작은 작은 작은 우주

소원을 빌던 그날 밤
한 줄기 빛으로 닿아
이토록 기나긴
여행의 끝에 너를 마주친 일

마주한 눈 속에 펼쳐지는 꿈
이제야 선명해
I need someone like you

눈부신 galaxy 날 안아주는 빛
구름이 걷힌 뒤 네가 보여 보여 보여

한 걸음씩 스며드는 온기
날 부른 목소리
나의 작은 작은 작은 우주

When I Was Young

작사 이주형 | 앨범 My Voice | 발매일 2017.02.28

Music Audio

Wo Babe Ooh

이제 어쩌죠 난 안돼요
아무리 불러도 돌아오질 않아
혹시 그때 진작 우리 멈췄더라면
더 좋았을지도 몰라 기억하나요

When I- When I was young
그때 내가 그대고 그대가 나일 때
When I- When I was a fool
정말 아무도 모르고 그대만 알 때
어땠나요 괜찮았나요

믿기지 않죠 마지막이래
우리 나눈 말들 지워지지 않아
혹시 그때 서로 많이 알았더라면
더 좋았을지도 몰라

When I- When I was young
그때 내가 그대고 그대가 나일 때
When I- When I was a fool
정말 아무도 모르고 그대만 알 때
어땠나요 기억하나요

많이 어렸었잖아요
우리 서툴렀잖아요
아직 어제 일만 같아 Ooh

많이 힘들었나요
내가 그대고 그대도 나일 때
우리 하나일 때 Ooh

When I- When I was young
그때 내가 그댈 그대가 날 Ooh
When I- When I was a fool
정말 그대만 바랬던 그런 나였을 때
어땠나요 기억해 줘요

너의 생일 (One Day)

작사 조윤경 외 6명 | 앨범 Something New | 발매일 2018.06.18

Music Audio

몰래 적어보는 그날의 List
달력 위엔 나만 아는 표시
어린아이처럼 설레는 느낌
하루하루 다가오는 Your birthday

한 다발 꽃처럼 안겨줄 Happy
그날의 난 너만 비추는 햇빛
또 몇 번씩 연습한 음식까지
Oh 시간 가는 줄을 몰라

One day I will x2
Just wait until x2
반짝이는 촛불에 빈
네 소원이 이뤄지는 게
내 소원이 될 거야 Baby

One day I will x2
Just wait until x2
네가 태어나 지나온 모든 하루 중에
가장 멋진 선물 같은 날을 네게 줄게

언제보다 특별해질 Kiss
넘친 말을 대신하는 눈빛
너와 함께 할 수 있는 세상이
처음 시작된 그날이 다가와

알아도 모른 척 놀라줘 Honey
온종일 나 혼자 조급해 하지
또 한없이 무언가 빠진 느낌
Oh 더 완벽할 수는 없을까

너의 생일 (One Day)

One day I will x2
Just wait until x2
반짝이는 촛불에 빈
네 소원이 이뤄지는 게
내 소원이 될 거야 Baby

One day I will x2
Just wait until x2
네가 태어나 지나온 모든 하루 중에
가장 멋진 선물 같은 날을 네게 줄게

Uh 네게 작은 하나까지
전하고픈 마음 모두
빛난 하루 속에 담아서
I'll never break it

좀 더 기다려줘 Baby
Ooh 네가 내게 오는 걸음마다
꿈을 꾸듯 불을 밝힐 My all
Hey you're my all

One day I will x2
Just wait until x2
오늘 세상에 더 아름다운 모든 것이
너를 위해 노래하는 날일 거야 Baby

One day I will x2
Just wait until x2
네가 언젠가 돌아보고픈 하루 속에
가장 행복한 순간을 네게 전해 Baby

비밀 (Secret)

작사 Mafly 외 7명 | 앨범 Rain | 발매일 2016.02.03

Music Audio

아늑히 울려 퍼지던
피아노 선율을 타고
두 눈을 감고서 이 음악에 기대
얘길 시작해 나 이렇게

지난날들이 떠올라 Em
왜 그리 아팠던 걸까 Yeah
떠나가 버린 기억과 흩어진 추억에
낯선 세상이 힘에 겨울 때

Oh then there's you
어질러진 내 마음속의
Oh it's you
감춰왔던 비밀을 찾게 해

한참을 내 맘 깊숙이
숨겨온 소중한 이 한 마디
꺼내 말할래
Oh then there's you

꿈이 가까워질수록
두려움이 또 날 덮어와 No No
길을 잃은 날 찾아서
그렇게 다가와
데려가 주길 기도해왔어

Oh then there's you
어질러진 내 마음속의
Oh it's you
감춰왔던 비밀을 찾게 해

한참을 내 맘 깊숙이 숨겨온
소중한 이 한 마디
꺼내 말할래

언제부터인지 끝도 없는 시련 속
어느새 네 눈빛이
괜찮다 내게 속삭이는데

Then there's you
메마른 나의 세상 끝에
Oh it's you
단비가 되어 젖어 들게 해

한참을 내 맘 깊숙이
숨겨온 소중한 이 한 마디
너를 사랑해
Oh then there's you

품 (Heart)

작사 이이진 외 3명 | 앨범 INVU | 발매일 2022.02.14

Music Audio

이유도 모른 채 열을 앓던 긴 밤들
가려도 비치게 짙게 남은 잔상들

누구도 이런 날 사랑할 수 없는 게
꺼려지는 게 당연해
아파하는 날 더 괴롭혀 왔던 시간들

그댄 내 가장 감추고 싶었던
상처를 알아보고 그 위에 입을 맞추고
다정히 어루만져 낫게 해

텅 빈 내 맘 깊이 스며드는 온기
오래된 상처를 위로해 준
따스히 안아준 커다란 품

고요히 내린 밤비와 같이
덧난 내 기억을 낫게 해 준
온전히 날 위해 흘린 눈물

아직은 날 제대로 마주하긴 힘들지
낯설기는 하지만 변해가 조금씩

놀라워 어떻게
한결같이 그댄 날 사랑해 주는지
강하고 아름다워 그댈 닮고 싶어 더

그댄 늘 가장 숨기고 싶었던
감정을 끌어내고 있는 그대로
솔직할 수 있게 다독여 날 일으켜

텅 빈 내 맘 깊이 스며드는 온기
오래된 상처를 위로해 준
따스히 안아준 커다란 품

고요히 내린 밤비와 같이
덧난 내 기억을 낫게 해 준
온전히 날 위해 흘린 눈물

해 들 틈 없이 작은방
깊이 가둬둔 나
문을 열고 손 내밀어
You’re just on my side

텅 빈 맘 깊이 스며든 온기
오래된 상처를 위로해 준
따스히 안아준 커다란 품

고요히 내린 밤비와 같이
덧난 내 기억을 낫게 해 준
온전히 날 위해 흘린 눈물

더 크고 따듯한 품이 되어
나 그댈 안아줄 수 있기를

Timeless

작사 조윤경 외 3명 | 앨범 INVU | 발매일 2022.02.14

Music Audio

유혹하듯 빛나 나를 흔들려는
비바람 같은 맘이 어지러운 밤이

위태로운 순간 나를 변화시킬
맘의 조각들이 날카로울 테니

기억 속에 맴돈 오랜 노래처럼
잊지 않을 모든 것

너를 느낄 때면 매번 기적 같던
그 빛은 날 비추고

We are so Timeless 내 맘속 가장 깊이
소중히 지킬 Your voice
변하지 않아 Last forever

Timeless 네 맘속에 깊이 닿을
널 위해 노래할 My voice
변하지 않아 Last forever

지나간 눈물과 상처들이 새긴
희미한 흔적들이 뒤엉키는 Feeling yeah

주저 없이 내준 너의 그 손길이
일으켜 낸 햇살이 내 맘속에 가득해

요란스러운 Siren 두려울 거 없어
기억해 Unbreakable

나의 모든 장면
그 안에 넌 담겨 오직 나를 비추고

We are so Timeless 내 맘속 가장 깊이
소중히 지킬 Your voice
변하지 않아 Last forever

Timeless 네 맘속에 깊이 닿을
널 위해 노래할 My voice
변하지 않아 Last forever

Timeless, we are x2 Timeless
I really wanna last forever
x2

늘 같은 나로 남고 싶어
네 맘 더 깊이 닿고 싶어

Timeless, we are x2 Timeless
I really wanna last forever
x2

Gravity

작사 제이큐 외 6명 | 앨범 Purpose | 발매일 2019.10.28

Music Audio

난 온기 없는 어둠 속을 유영하듯 헤매어
손을 내밀어도 결국 돌아오는 공허함

반복된 상처에 굳게 또 맘을 잠그고
나 홀로 견디고

그 순간 마주친 넌 따스한 느낌
틈 사이로 어루만진 포근한 손길

위태롭던 내게 넌 Gravity
방황하던 날 강렬하게 이끈 힘

외로운 시간들을 지나
드디어 제자리를 찾아
더 끌어안아줘 날
위태롭던 내게 넌 Gravity

늘 모르는 척했던 감정
익숙했던 지난날
넌 아무것도 묻지 않고
늘 나의 곁을 지켰어

길었던 시간들 지나
결국엔 너였어 이대로 날 안아

멀게만 느껴졌던 다정한 온기
나 지금은 너로 인해 느낄 수 있어

위태롭던 내게 넌 Gravity
방황하던 날 강렬하게 이끈 힘

외로운 시간들을 지나
드디어 제자리를 찾아
더 끌어안아줘 날
위태롭던 내게 넌 Gravity

항상 같은 곳에서 내 곁에서
Yeah 전해준 온기
날 지켜준 한 사람 단 한 사람
Yeah 너라는 이유

끝없이 넌 날 이끈 Gravity
변함없이 날 따스하게 감싸지

혼자인 시간들을 지나
운명의 끝에서 널 만나
더 끌어안아줘 날
끝없이 넌 날 이끈 Gravity

U R

작사 조윤경 외 3명 | 앨범 I | 발매일 2015.10.07

Music Audio

오랫동안 내 마음엔 구름 가득 비가 내려
따스한 햇살 비추길 간절히 바랬죠

어깨를 적신 빗방울도 마르면
나만 홀로 남겨질까 너무나도 두려웠죠

그댄 빛처럼 비 갠 뒤처럼
내 마음에 떠오르죠 이렇게

Cause you are 내게 내린 빛과
You are 너무 고운 꿈과

일곱 빛으로 온 세상을
더 아름답게 물들여 언제나 Yeah U R

텅 빈 푸른 언덕 위에 무지개는 지붕이 돼
그 아래 가만히 누워 하늘을 보아요

세상 가장 평온함과 처음 느낀 설렘
누구보다 사랑스러워

고갤 돌리면 그대 미소에
나도 몰래 손을 뻗죠 이렇게

Cause you are 내게 내린 빛과
You are 너무 고운 꿈과

일곱 빛으로 온 세상을
더 아름답게 물들여 언제나 Yeah U R

내 창을 적신 비가 그치면
Under the Rainbow
그대 기다리겠죠

차마 난 하지 못했던 얘기 못했던
그 모든 비밀 오늘은 전하고 싶어

You are 항상 나의 곁에
You are 여린 내 맘속에

더 눈부시게 아름답게
온 밤하늘을 채우는
You're my star Yeah U R
Oh U R U R Oh U R

너를 그리는 시간 (Drawing Our Moments)

작사 조윤경 외 4명 | **앨범** Purpose | **발매일** 2020.01.15

Music Audio

낮은 빗소리에 잠에서 깨
더 깊이 잠든 널 바라볼 때
내가 느낀 모든 떨림

어슴푸레 물든 새벽빛엔
그윽한 향기가 밴 듯해
더 이끌린 마음까지

따스한 네 곁에 난 누워
나만 알 기억에 너를 채워
평범한 이 순간이 스며들어 더 깊이
네게 물들어 가는 눈빛

모든 걸 다 비운 듯이
새하얗던 내 맘속 그려봤던 널
마주 봤던 건 아침보다 찬란해

우리 앞에 놓인 길이 어두워 보일 때도
너를 닮은 색 내게 번질 때
꿈에 봤던 천국을 담은 그 빛 그려봐 널

말없이 내어 준 너의 어깨는
얼어 버린 하루까지
너의 체온을 전해 이미

모든 걸 다 비운 듯이
새하얗던 내 맘속 그려봤던 널
마주 봤던 건 아침보다 찬란해

우리 앞에 놓인 길이 어두워 보일 때도
너를 닮은 색 내게 번질 때
꿈에 봤던 천국을 담은 그 빛

수없이 새로울 날이 두렵지 않게
더 깊어갈 모든 순간
바라봤던 널 그려봐 Oh 널

더 긴 밤 꿈에 날린 고운 그 빛
따라 걷다 우연히 나를 찾던 널
알아봤던 건 눈물 나게 따스해

유리창을 따라 내린 투명한 빗방울도
지금 내 맘에 젖어든 그대를
밤하늘 별빛처럼 셀 수 없이
그려봐 널 안아봐 널

낮은 빗소리에 잠에서 깨
더 깊이 잠든 널 바라볼 때
이런 떨림

Curtain Call

작사 장윤지 외 4명 | **앨범** My Voice | **발매일** 2017.04.05

Music Audio

마치 암전 같은 밤 까만 벽 무대 위로
길고 어지럽던 얘길 꺼내봐

한 편의 희곡 같던 공연 막이 내릴 때
커져가는 맘이 시간이 또 너를 불러내

눈부신 너와 나 끝의 Curtain Call
바람처럼 안녕
감히 망칠까 나 못한 말
내게 다시 와줘

조명이 날 비추고 네 모습을 가려
눈부셔 슬펐던 우리 Curtain Call
그 순간처럼 안녕

멋진 대사같이
마지막 인사를 나누고 넌 뒤를 돌아서
이미 비어버린 무대 위엔 나 홀로

뻔한 비극 끝이 났지
허무하게도 정말 허무하게도
안타까운 순간순간 전부 돌아보게 돼 또

눈부신 너와 나 끝의 Curtain Call
바람처럼 안녕
감히 망칠까 나 못한 말
내게 다시 와줘

조명이 날 비추고 네 모습을 가려
눈부셔 슬펐던 우리 Curtain Call
그 순간처럼 안녕

시간 가면 잊혀 어떻게든 견뎌
끝이 나면 다시 시작이니까
다만 두려운 건 끝이 없는 엔딩일까 봐

단 한번 사랑과 숱한 Curtain Call
무뎌지지 않아
참아 보려 나 애써봐도 난 자꾸 아파

무대 뒤 넌 떠나고 나는 널 놓치고
난 아직 여기에 기억에 갇힌 채
다시 Curtain Call 그 순간처럼 안녕
다시 안녕 x3

“네게 들려주고 싶은 말”

현서	“태연 곁에는 소원이 있어 밝아 올 하늘 그 위로 퍼져가는 빛이 되어 우린 날아가♪, 태연의 노래는 항상 새로운 삶을 살아갈 힘을 줘 고마워”
이재용	“밤하늘의 별이 빛난 것처럼 오랫동안 소원 곁에 있어요♪”
언제나탱구편	“언니가 있어 온 계절의 끝에 또 다른 사계의 시작을 기대하게 돼.♪”
성수르	“항상 같은 곳에서 태연 곁에서♪, 언제나 너의 곁에 있어 우리는”
언니의 평생소원 민영	“언제까지라도 함께 하는거야, 다시 만난 나의 세계♪, 15년 전 여섯살이었던 내 눈에 비친 스물한살의 언니는 한없이 커보였는데. 마냥 어른 같았는데. 정작 지금 스물한살의 나는 아직도 어린아이 같아. 여전히 잘 웃고, 잘 울고, 마음 여린. 언니랑 같은 나이가 된 지금에서야 깨달았어. 언니도 그랬겠구나. 내 눈에는 마냥 어른 같았던 언니도 사실은 여린 소녀였겠구나. 무대 위에서 보여준 어른스러운 모습들은 모두 언니의 노력이었겠구나. 그래서 이 말을 꼭 전해주고 싶어. 씩씩하게 버텨줘서 고마워. 우여곡절도 많았겠지만 언니가 언니의 스물하나를 씩씩하게 잘 버텨준 덕분에 나도 언니를 보면서 나의 스물하나를 씩씩하게 잘 헤쳐나가고 있어. 앞으로의 스물둘, 스물셋, 그리고 그 너머까지 잘 따라가볼게. 앞으로의 우리가 얼마나 큰 성장을, 얼마나 많은 추억을 함께하게 될지 기대된다.”
윤서연	“태연아 네 곁엔 S♡NE 있어♪”
옥태희	“찾아온 내일에 태연이는 당연해♪”
보민	“오늘도 언니의 목소릴 떠올리면 눈물이 맺히고 잠시만 눈을 감으면 언니 모습이 보이고♪, 내 곁에 있어줘서 고마워”
콩이	“네가 느낀 고통은 다 더 높이 날아오를 날을 위한 준비일 뿐 Butterfly♪, 언제나 늘 함께 할게 항상 고맙고 우리 오래 봐요”
쥬	“사랑이라는 말, 태연을 닮은 그 말.♪”
허예원	“더 크고 따뜻한 품이 되어 김태연 안아줄 수 있기를♪”
나영	“변함없이 태연을 따스하게 감싸지♪, 언제나 태연 곁에 있을게”
장재인	“내 맘속 가장 깊이 소중히 지킬 태연’s voice♪”
Wish탱0♡	“텅 빈 내 맘 깊이 스며드는 태연의 노래소리 오래된 상처를 위로해 준 따스히 안아준 커다란 품♪, 내 마음을 치유해준 태연 언제나 곁에 있을께”
최윤아	“태연한 노래가 난 들려올 때마다 아껴두고 싶어 사랑 담아둘 수 있게♪”
지영앞숏	“힘들고지칠때 뒤돌아봐 소원이 바라보고있을거야”

Letter To My TAEYEON

조선빈	"내게 완벽한 태연이란 Heaven♪"
재인	"태연언니 우리 지팡이 공구할때까지 소원이 꼬옥 언니 곁에 있을게요!"
지윤	"내 맘속 가장 깊이 소중히 지킬 태연의 Voice♪"
탱준이	"놀라워 어떻게 한결같이 그댈 내가 사랑해 주는지♪, 이렇게 긴 시간 동안 늘 멋진 모습만 보여줘서 너무 고마워요 앞으로도 늘 옆에 있을 거예요. 이루어지지 않는 영원이라도 노력해서 해낼게요 사랑해요!"
seaf	"온 밤하늘을 채우는 탱구 IS STAR♪, 언제나 무대 아래서 핑크빛의 작은 별이 되어드릴 테니, 빛나는 무대에서 마음껏 노래해 주세요."
lovely_TY_0309	"태연아 노래해줘서 고마워 사랑해"
김태희	"또다시 밤이 와도 숨지 않아, 태연 곁엔 소원이 있어♪"
이제나	"한 번도 제대로 날지 못한 내 두 날개 새롭게 펼쳐봐 또 날아봐 이제♪, 힘들게 펼쳐낸 그 아름다운 날개 상처 없이 훨훨 날아가기를"
제로	"you are my starlight 내 맘을 비춰 함께 있으면 꿈꾸는 기분♪"
체리	"가끔 힘들고 지칠 때 소원을 찾아주세요 언제나 두팔벌려 환영할게요"
태탱구	"사랑이라는 말, 태연을 닮은 그 말♪"
유소정	"깨지 않을 소원의 꿈이 되어 번치 않을 태연을 들려줘♪, 가수가 되어 노래 불러줘서 고마워 우리도 소원이 되어줘서 고맙다고 할 수 있는 팬이 될게 우오가♡"
지우	"늘 그래왔듯이, 태연하게 곁을 지켜줄게요"
경은	"태연 언니 덕분에 내 삶이 fine 해졌어요 ♡♪, 우리의 탱구 영원히 함께해요 언니"
dearme	"항상 변하는 세상 속에서 태연이라는 가수의 목소리는 변치 않고 우리의 옆을 꾸준히 지켜줘왔고 그 자체로도 감동과 행복이 되어주었어요 ♡ 우리의 행복이 되어준 태연이 항상 행복하게 노래할 수 있길"
새벽	"너를 사랑해♪"
김성원	"힘들고 지칠 때 언제든 소원이들 찾아줘 화이팅!!"

"네게 들려주고 싶은 말"

영영	"언니, 여전히 찬란하네요!♪"
은이	"길었던 어둠을 견딜 수 있게 해준 언니의 노래덕에 또 다시 어두운 밤이 와도 숨지 않게 됐어요 항상 고맙고 사랑해요♪, 힘들때 도망치다 찾은 곳이 태연언니였어요 언니의 음악을 들으면서 다른 생각은 안하고 오롯이 자신에게 집중 할 수 있었거든요"
Le8	"태연이 없다면 내 매일들은 허전해♪"
초코모카	"태연과 소원은 항상 같은 자리에서♪, 건강하게 오래오래 행복하자!!!"
소원!	"이 달콤함에 취했어 Give me TAEYEON♪, 늘 함께 하고 싶은 우리 언니! 항상 이 자리에서 기다릴게요."
세화	"Should We set ourself on fire♪, 언니 덕분에 매일을 힘내"
우리오래가자	"늘 그랬듯이 넌 나의 태연♪, 늘 그렇듯 소녀 곁에는 소원이 있어"
송영주	"위태롭던 내게 태연 gravity♪, 언니가 무얼하든 무조건 태연편!"
다영	"태연언니의 곡은 저에게는 일상이에요. 힘들때, 기쁠때 모든 순간 언니의 노래가 있었어요 자주 들어서 익숙하지만 전혀 질리지않는 소중한 노래들... 노래를 듣다가 울컥해지는 가사가 많아요 하나하나 너무 소중한 곡들입니다 앨범에서도 가사가 적힌 부분을 참 좋아했는데, 이렇게 가사집이 나오다니ㅜㅠㅠ 너무 좋네요 노래해줘서 고마워요"
Hana	"늘 항상 힘이 돼줘서 고마워요"
오유건	"탱구와 함께라면 언제든지 I' m Fine♪, 항상 곁에 있어서 고마워 탱구♡"
숨프	"노래해줘서 고마워"
김리아	"계속해서 지켜가 내 자신이 할 수 있다 믿어♪"
손민기	"태연의 노래로 태연을 그릴 수 있는 시간♪, 수 없이 새로울 날이 두렵지 않게 소원이 함께해"
JJUNGHEEK	"끝도 없는 시련 속 어느새 태연의 눈빛이 괜찮다 내게 속삭이는데, 메마른 나의 세상 끝에 단비가 되어 젖어 들게 해♪, 쭉 같은 곳에서 노래해줘서 고마워 우리도 쭉 함께 있을게"
H	"존재만으로 힘이 되어주는 내 가수 태연에게 소원들도 힘이 되고 위로가 되길 항상 사랑해"

Letter To My TAEYEON

정다이 "쭉 같은 곳에서 노래해줘서 고마워 우리도 쭉 함께 있을게"

멋쩡후 "수없이 새로울 날이 두렵지 않게 더 깊어 갈 태연과 S♡NE의 모든 순간♪, S♡NE이 된 걸 후회한 적·없어, 덕분이야 고마워"

솔 "놀라워 어떻게 한결같이 우린 태연을 사랑하는지♪"

잔디 "사랑이라는 말, 언닐 닮은 그 말♪"

SJY "일상 속에서 행복을 느끼게 해줘서 고마워 언제나 곁에 있을게"

스물두 살 지은이가 "언니로 인해 My Life is a Beauty♪, 가슴 벅차도록 언니를 많이 사랑해"

탱콘엘사 "길 잃은 채 헤매던 매일 그늘진 마음 그 끝에 여전히 변치 않은 태연이 있었어♪, 언제나 함께 했던 그곳에서 언제라도 닿을 수 있도록 언제까지나 응원해!"

주서영 "소원이 언제나 옆에 있으니 새롭게 펼쳐봐 또 날아봐 이제♪"

은선 "고요히 내린 태연 같이 따스히 안아준 커다란 품♪"

진구야 "오래된 상처를 위로해 준 따스히 안아준 탱구의 커다란 품♪, 어떤 계절이던 우리가 함께 할게 -♡"

김현성 "네 노래를 주고 또 사랑도 주었던 온 세상인 네게 말할래 정말 너를 좋아한다고♪"

융탱 "나에게 힘을 주는 만큼 나도 언니의 힘이 돼줄게"

gayoung "taeyeon I can't cover up my heart 널 보면 난 웃음이 새어 나와 아무도 몰래 태연에게 스며들어♪"

이나겸 "모든 게 변해가도 태연만은 항상 같은 자리에서 똑같은 모습으로 날 울려♪, 힘들 때, 외로울 때 항상 같은 자리에서 노래로 위로와 안도의 눈물을 흘리게 해줘서 고마워"

hyEun "태연언니만이 전부라 내 마음을 주고 또 사랑도 주었지♪, 혼자라고 생각되면 언제든지 소원들한테 기대,, 소원들이 힘들때면 태연 언니 노래부터 찾아 듣는 것처럼~"

채아 "사랑이란 게 뭔지 매일 난 배워가 이 김태연에 취했어♪"

태연 가사 필사집

발행인 김두영
전무 김정열
콘텐츠기획개발부 오새봄
디자인기획개발부 김세연
제작 유정근
마케팅기획개발부 이천희, 신찬, 송다은, 김지연
경영지원개발부 한재현, 임숙현
음원 정하영

발행일 2025년 2월 21일(1판 1쇄)
발행처 삼호ETM (http://www.samhomusic.com)
경기도 파주시 문발로 175
마케팅기획개발부 전화 1577-3588 팩스 (031) 955-3599
콘텐츠기획개발부 전화 (031) 955-3589 팩스 (031) 955-3598
등 록 2009년 2월 12일 제 321-2009-00027호

ISBN 978-89-6721-556-1

이 책이 나오기까지 소중한 도움을 주신 S♡NE 정지원 님께 감사의 마음을 전합니다.